살아있는 역사 재미있는 논술

① 인류 등장에서 후삼국 통일까지

모난돌역사논술모임 지음

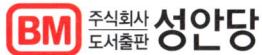

추천의 글

　어린이들은 역사를 처음 만날 때 역사 만화나 어린이 역사책으로 만납니다. 흥미위주의 역사 만화는 읽기도 쉽고 재미있어 어린이들이 좋아합니다. 술술술 읽혀지다보니 많은 어린이들이 즐겨 찾는답니다. 최근엔 통사를 다루면서도 역사적 맥락을 잘 짚어 가며 다양한 이야기를 엮어내는 재미난 어린이 한국사 책이 많이 출간되었습니다. 예전보다 한국사 공부를 할 때 선택의 폭이 훨씬 넓어졌답니다.

　그런데도 아직 역사 공부가 어렵다고 호소하는 친구들이 많이 있습니다. 선생님과 이야기를 나눠보면 그 친구들은 한국사를 단순한 암기로 생각하여 결과만 외우려고 합니다. 그러다보니 역사가 무척 어렵게 느껴질 수 밖에 없었던 거예요. 역사란 특별한 공간과 시간에 살았던 사람들이 엮어낸 사람들의 이야기입니다. 그 사람들 사이의 다양한 이야깃거리가 있는데 그건 다 빼고 결과만을 외우려하니 앞뒤도 맞지 않고 헷갈리기만 하는 것이지요. 책을 읽을 때 책 속에 담긴 숨어 있는 이야기를 찾아내고 재구성할 수 있을 때 책읽기의 재미에 푹 빠질 수 있는데 그러질 못한 것이 요즘 책읽기 모습입니다.

　선생님들은 초, 중, 고등학교에서 학생들과 역사 공부도 하고, 체험학습연구회 (사)모아재 전국교사모임에서 역사 답사와 연구도 하고, 역사책을 펴내기도 했답니다. 그러다보니 많은 친구들과 부모님들이 어떻게 하면 역사 공부를 잘 할 수 있을까를 물어 보곤 하지요. 그때 마다 아쉽지만 뾰족한 답을 줄 수 없답니다. 역사 공부에 지름길은 없습니다. 자신에게 맞는 책과 방법을 찾아 꾸준히 익히는 것 외에는 달리 방법이 없어요. 역사책을 읽으면서 역사 속 인물이 되어 사건 속으로 뛰어 들어보기도 하고, 슬픈 역사의 순간에 나도 모르게 눈물이 주르륵 흘러내릴 때 진정 역사 공부의 재미를 알게 되는 것이랍니다.

　역사 공부를 잘 하고 싶은 친구들!

　친구들에게 좋은 소식이 있어요. 이번에 개정판을 출간하는 《살아있는 역사 재미있는 논술》을 보면서 선생님은 어린이 여러분들이 떠올랐습니다. 우리 친구들이 역사의 참 맛을 느낄 수 있게 잘 엮어진 책을 발견하게 되어 얼마나 기쁜지 모른답니다. 여러분이 역사 공부를 할 때보다 재밌는 방법을 경험할 수 있을 겁니다.

　이 책의 특징은 역사 속에서 중요한 사건이나 인물을 선별하여 각 단원을 구성하고 있습니다. 이야기를 순서대로 읽다보면 우리 역사의 징검다리를 하나씩 건널 수 있게 만들어 놓았답니다. 좀 더 자세히 들여다 보면 역사 탐구, 역사 해석, 역사 토론, 역사에 비추어 보는 오늘, 첨삭지도와 부록으로 이루어져 있습니다. 하나 하나 읽고 문제를 해결하다 보면 역사의 실마리를 잡고 실타래를 풀어가는 경험할 수 있을 겁니다.

　어린이 여러분에게 좋을 책을 소개할 수 있어 무척 기쁘답니다. 《살아있는 역사 재미있는 논술》과 함께 역사학자가 되어 보기를 권해봅니다.

김봉수, 김진호, 신대광, 조성래, 체험학습연구회(사)모아재 선생님들이 친구들에게 씁니다.

저자의 글

" 최신개정판에 부쳐 "

사람은 살아오면서 겪고 듣고 배운 것 가운데에서 옳은 것은 실천하고 옳지 않은 것은 피하고 버릴 줄 안다. 경험에서 배우고 성장해 나가는 것이다.

역사도 마찬가지다. 우리가 역사를 공부하는 까닭은 지나온 역사에서 잘못된 부분은 바로잡고, 잘된 부분은 계승해 나가기 위함이다. 그러기 위해서는 역사를 제대로 알아야 한다.

《살아있는 역사 재미있는 논술》은 이러한 문제의식에서 출발한 책이다. 그래서 역사는 지루하고 힘든 암기 공부가 아니라 재미있고 즐거우며 과거를 통해 미래를 여는 살아있는 배움터라는 사실을 알려주려고 노력했다.

세상 어떤 일이든 그 일이 일어난 데는 이유가 있고 순서가 있다. 논술이란 그 이유와 순서를 따라잡는 글이다. 따라서 역사를 읽는 것만으로 자연스럽게 논술 공부가 되도록 만들었다.

《살아있는 역사 재미있는 논술》이 독자들을 만난 지 10년이 되었다. 세월이 흐르면서 새로운 역사 연구도 쌓이고 역사 교과서도 조금씩 바뀌었다. 또 교육 환경도 많이 변화했다. 이런 변화에 발맞추어 내용을 더할 것은 더하고, 뺄 것은 뺐다. 이전 책에서 부족했던 부분도 보완했다. 또 표현이 부자연스러운 부분은 고치고 다듬었다.

기존 108개 단원이었던 것을 60개 단원으로 줄였다. 6권이던 책은 본책 4권에 논술 워크북 1권을 더한 5권으로 줄었다. 1권은 《인류 등장에서 후삼국 통일까지》, 2권은 《고려 건국에서 병자호란까지》, 3권은 《붕당 정치에서 관동 대지진까지》, 4권은 《한인 애국단에서 대한민국까지》이다. 그리고 5권은 기존 논술 코너를 재정리한 논술 워크북으로 만들었다. 이런 과정을 거친 《살아있는 역사 재미있는 논술》 최신판은 새로운 책으로 독자들을 만나게 될 것으로 생각한다.

모쪼록 이 책을 통해 역사 속 사건에 대한 인과 관계를 파악하고 판단을 내릴 수 있기를 바란다. 또 자기 생각을 표현하는 과정 등을 거치며 역사의식과 논리력이 한층 성장되기를 바란다.

아울러 현재는 과거가 쌓여 만든 결과물이다. 현재에 가까울수록 우리들 삶에 많은 영향을 미치고 있다. 하지만 우리네 역사 교육은 고대사부터 조선 시대사까지는 쉼없이 달려오지만 근현대사에 이르러 주춤하는 경향이 있다. 학교에서도 시험 이후에 진도가 나간다는 이유로 현대사에 소홀해지기도 한다. 현대사에 조금 더 관심을 가지고 고민을 해 주기를 바란다. 가까운 역사가 우리네 삶에 더 큰 영향을 미치고 있으니 말이다.

2017년 한 해를 마무리하며 **역사 논술 저자** 일동

이 책의 생김새와 쓰임새

단원별 구성

역사 속에서 중요한 사건이나 인물을 선별하여 각 단원을 구성하였습니다.
각 단원별 사건이나 인물 이야기를 순서대로 읽어 나가다 보면 우리 역사가 어떻게 흘러 왔는지도 자연스럽게 알게 될 것입니다.

본문의 구성

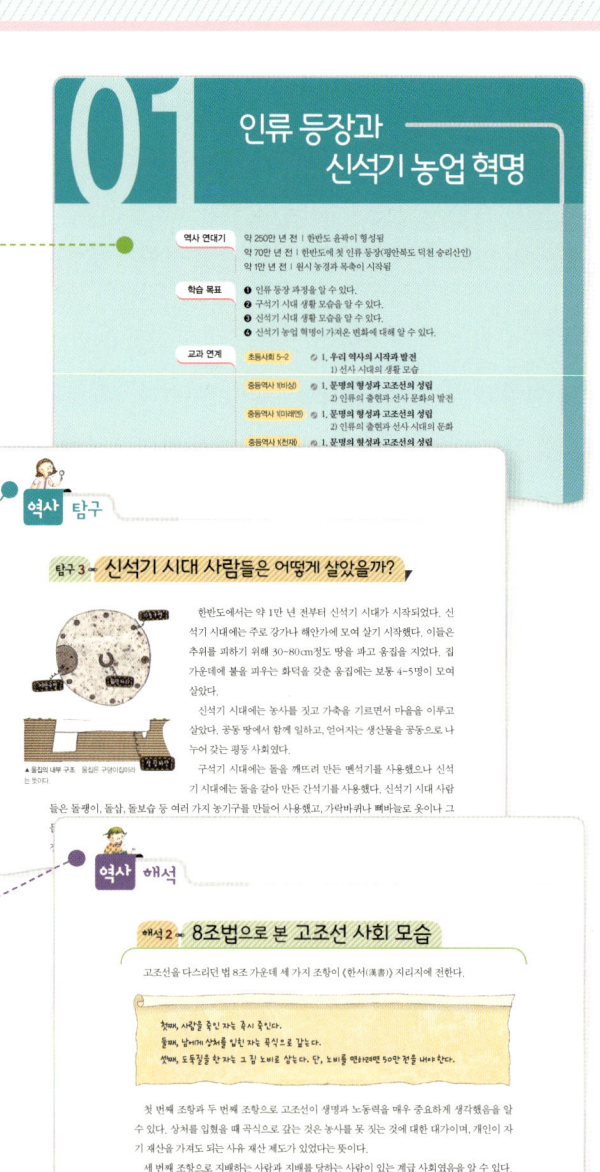

단원의 시작

- **역사 연대기** : 해당 사건이 일어난 시기에 우리나라에서 일어난 중요한 사건 제시
- **학습 목표** : 배울 내용 미리 알아보기
- **교과 연계** : 단원에서 배우는 내용을 관련 교과서와 연계, 학습 안내

역사 탐구

단원에서 배울 역사를 밝혀진 사실대로 쓴 단계입니다. 소리 내어 읽은 다음, 〈탐구하기〉의 대답을 사실대로 쓰면 됩니다.

역사 해석

역사 탐구에서 다룬 역사 사건이나 인물에 대한 역사적 해석을 어떻게 하는가를 밝힌 단계입니다.
해석을 통해서 해당 역사의 사건이나 인물에 대한 이해를 더욱 높일 수 있습니다.

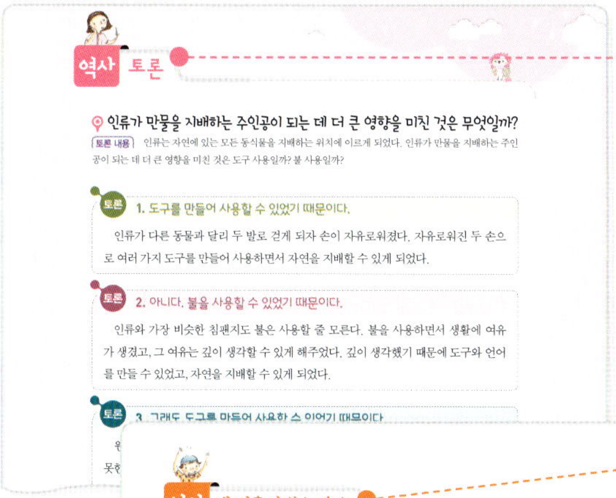
역사 토론

인류가 만물을 지배하는 주인공이 되는 데 더 큰 영향을 미친 것은 무엇일까?

토론 내용 | 인류는 자연에 있는 모든 동식물을 지배하는 위치에 이르게 되었다. 인류가 만물을 지배하는 주인공이 되는 데 더 큰 영향을 미친 것은 도구 사용일까? 불 사용일까?

토론 1. 도구를 만들어 사용할 수 있었기 때문이다.

인류가 다른 동물과 달리 두 발로 걷게 되자 손이 자유로워졌다. 자유로워진 두 손으로 여러 가지 도구를 만들어 사용하면서 자연을 지배할 수 있게 되었다.

토론 2. 아니다. 불을 사용할 수 있었기 때문이다.

인류와 가장 비슷한 침팬지도 불은 사용할 줄 모른다. 불을 사용하면서 생활에 여유가 생겼고, 그 여유는 깊이 생각할 수 있게 해주었다. 깊이 생각했기 때문에 도구와 언어를 만들 수 있었고, 자연을 지배할 수 있게 되었다.

토론 3. 그래도 도구를 만들어 사용할 수 있었기 때문이다.

역사 토론

역사 사건이나 인물 가운데에서 논쟁거리가 될 만한 것을 내세워 이 책을 읽는 이는 어떻게 생각하는지 묻는 단계입니다. 두 가지 가운데 한 가지를 고르거나 여러 가지 가운데 한 가지를 골라 쓰거나 자기만의 다른 생각을 쓰면 됩니다.

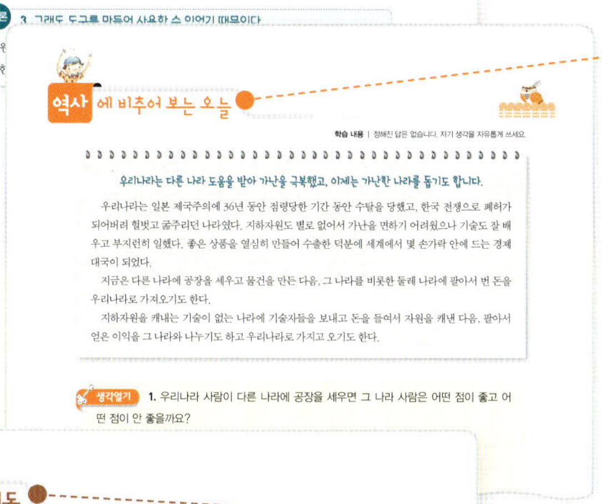
역사에 비추어 보는 오늘

학습 내용 | 정해진 답은 없습니다. 자기 생각을 자유롭게 쓰세요.

우리나라는 다른 나라 도움을 받아 가난을 극복했고, 이제는 가난한 나라를 돕기도 합니다.

우리나라는 일본 제국주의에 36년 동안 침략당한 기간 동안 수탈을 당했고, 한국 전쟁으로 폐허가 되어버려 헐벗고 굶주리던 나라였다. 지하자원도 별로 없어서 가난을 면하기 어려웠으나 기술도 잘 배우고 부지런히 일했다. 좋은 상품을 열심히 만들어 수출한 덕분에 세계에서 몇 손가락 안에 드는 경제 대국이 되었다.

지금은 다른 나라에 공장을 세우고 물건을 만든 다음, 그 나라를 비롯한 둘레 나라에 팔아서 번 돈을 우리나라로 가져오기도 한다.

지하자원을 캐내는 기술이 없는 나라에 기술자들을 보내고 돈을 들여서 자원을 캐낸 다음, 팔아서 얻은 이익을 그 나라와 나누기도 하고 우리나라로 가지고 오기도 한다.

생각열기 1. 우리나라 사람이 다른 나라에 공장을 세우면 그 나라 사람은 어떤 점이 좋고 어떤 점이 안 좋을까요?

역사에 비추어 보는 오늘

역사 사건에 비추어서 오늘날의 문제를 살펴보는 단계입니다. 역사에서 얻은 교훈을 바탕으로 오늘날의 문제들을 슬기롭게 해결해가는 방법을 배우도록 하였습니다. 정해진 답이 있는 것은 아니므로 자기 생각을 편안하게 쓰면 됩니다.

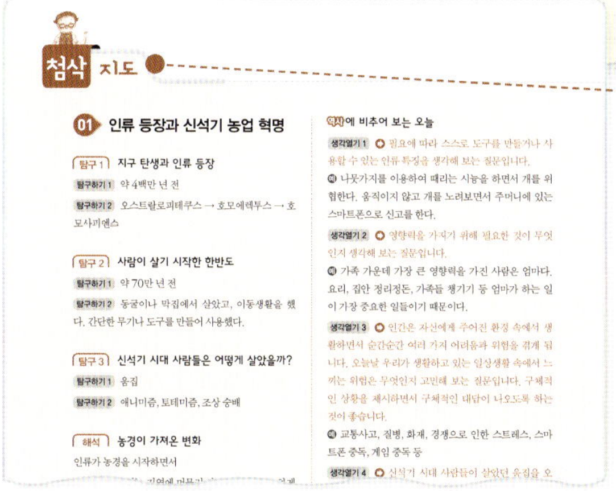
첨삭 지도

01 인류 등장과 신석기 농업 혁명

탐구 1 지구 탄생과 인류 등장

탐구하기 1 약 4백만 년 전

탐구하기 2 오스트랄로피테쿠스 → 호모에렉투스 → 호모사피엔스

탐구 2 사람이 살기 시작한 한반도

탐구하기 1 약 70만 년 전

탐구하기 2 동굴이나 막집에서 살았고, 이동생활을 했다. 간단한 무기나 도구를 만들어 사용했다.

탐구 3 신석기 시대 사람들은 어떻게 살았을까?

탐구하기 1 움집

탐구하기 2 애니미즘, 토테미즘, 조상 숭배

해석 농경이 가져온 변화

인류가 농경을 시작하면서

역사에 비추어 보는 오늘

생각열기 1 필요에 따라 스스로 도구를 만들거나 사용할 수 있는 인류 특징을 생각해 보는 질문입니다.

예 나뭇가지를 이용하여 떼리는 시늉을 하면서 개를 위협한다. 움직이지 않고 개를 노려보면서 주머니에 있는 스마트폰으로 신고를 한다.

생각열기 2 영향력을 가지기 위해 필요한 것이 무엇인지 생각해 보는 질문입니다.

예 가족 가운데 가장 큰 영향력을 가진 사람은 엄마다. 요리, 집안 정리정돈, 가족들 챙기기 등 엄마가 하는 일이 가장 중요한 일들이기 때문이다.

생각열기 3 인간은 자신에게 주어진 환경 속에서 생활하면서 순간순간 여러 가지 어려움과 위험을 겪게 됩니다. 오늘날 우리가 생활하고 있는 일상생활 속에서 느끼는 위험은 무엇인지 고민해 보는 질문입니다. 구체적인 상황을 제시하면서 구체적인 대답이 나오도록 하는 것이 좋습니다.

예 교통사고, 질병, 화재, 경쟁으로 인한 스트레스, 스마트폰 중독, 게임 중독 등

생각열기 4 신석기 시대 사람들이 살았던 움집을 오

첨삭 지도

'역사 탐구'와 '역사 해석'에서 묻는 질문들에 대한 정답과 '역사 토론'과 '역사에 비추어 보는 오늘'에서 묻는 질문들에 대한 학습 가이드와 예시 답인을 담고 있습니다. 공부를 하다가 생각이 열리지 않을 때 펼쳐보면 문제를 해결하는 데 도움이 될 것입니다.

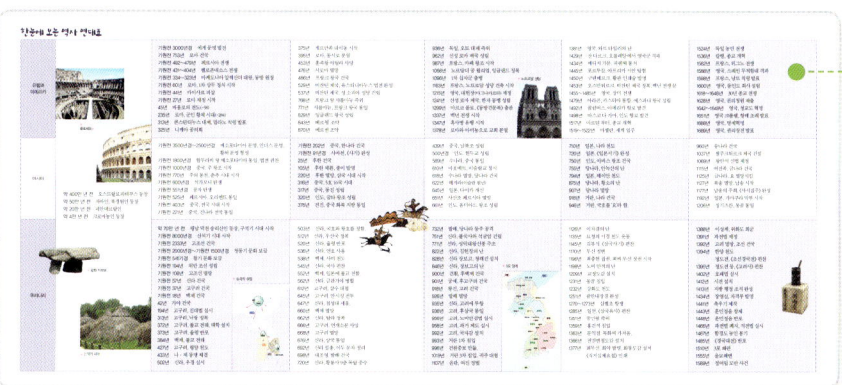

테마가 있는 부록

각권마다 역사 공부에 도움이 될 자료들을 배치하였습니다. 이 책에서는 한눈에 보는 역사 연대표 / 우리나라 역대 왕조 / 우리나라 역사 인물 99인을 담았습니다.

차례

01 인류 등장과 신석기 농업 혁명   11

- 역사 탐구
  1. 지구 탄생과 인류 등장
  2. 사람이 살기 시작한 한반도
  3. 신석기 시대 사람들은 어떻게 살았을까?
- 역사 해석   농경이 가져온 변화

02 청동기 문화를 기반으로 건국된 고조선   19

- 역사 탐구
  1. 단군왕검 이야기
  2. 고조선 발전과 멸망
- 역사 해석
  1. 단군왕검 이야기에 담긴 의미
  2. 8조법으로 본 고조선 사회 모습

03 고조선 다음에 세워진 나라들   27

- 역사 탐구
  1. 사출도로 다스린 부여
  2. 민며느리제가 있었던 옥저
  3. 호랑이를 섬긴 동예
  4. 마한, 진한, 변한을 합쳐서 삼한
- 역사 해석   기록이 거의 남아 있지 않은 부여

04 고구려와 백제 건국   35

- 역사 탐구
  1. 알에서 태어난 주몽, 고구려를 세우다
  2. 백제 건국 설화
  3. 한성 시대 왕성
- 역사 해석
  1. 오늘날까지 전해지는 고구려 풍습과 문화
  2. 고구려 동명성왕과 부여 동명성왕은 동일 인물일까?

05 신라와 가야 건국 43

- 역사 탐구
  1. 신라 건국 신화
  2. 가야 건국과 성장 그리고 멸망
- 역사 해석
  1. 건국 신화에는 특별한 이야기가 있다
  2. 지배자 명칭 변화에 따른 신라 발전

06 백제, 강한 나라가 되다 51

- 역사 탐구
  1. 한성 시대
  2. 웅진·사비 시대
  3. 백제 대외 활동
- 역사 해석
  1. 가장 먼저 전성기를 맞이한 백제
  2. 우수한 농경 기술과 토목 기술

07 고구려 성장과 발전 59

- 역사 탐구
  1. 고구려, 동아시아 최대 강국이 되다
  2. 고구려와 수나라가 벌인 전쟁
  3. 고구려와 당나라가 벌인 전쟁
- 역사 해석
  1. 고대사를 푸는 열쇠, 광개토 대왕릉비와 충주 고구려비
  2. 수나라와 당나라는 왜 끊임없이 고구려를 침략했을까?

08 신라 성장과 발전 67

- 역사 탐구
  1. 신라를 성장시킨 왕들
  2. 화랑도
  3. 골품 제도와 화백 회의
- 역사 해석
  1. 화랑도가 신라를 발전시킨 밑거름이 된 까닭
  2. 진흥왕이 여러 지역에 순수비를 세운 까닭

09 신라, 삼국을 통일하다   75

역사 탐구
1. 백제 멸망
2. 고구려 멸망
3. 삼국 통일 완성
4. 백제와 고구려 부흥 운동

역사 해석 신라가 이룬 삼국 통일은 완전한 통일인가?

10 불교 전래와 삼국 문화   83

역사 탐구
1. 삼국 시대에 불교가 들어오다
2. 불교로 꽃피운 삼국 문화
3. 신라 불교를 발전시킨 원효와 의상

역사 해석
1. 신라는 왜 다른 나라보다 불교 공인이 늦어졌나?
2. 삼국 시대 불교가 지닌 성격

11 찬란한 통일 신라 문화   91

역사 탐구
1. 혜초가 쓴 인도 여행기, 《왕오천축국전》
2. 슬픈 전설을 간직한 성덕대왕신종
3. 불국사와 석굴암

역사 해석
1. 《왕오천축국전》에 담겨 있는 이야기
2. 석가탑에서 읽을 수 있는 것들

배운내용 토론하기

01	인류가 만물을 지배하는 주인공이 되는 데 더 큰 영향을 미친 것은 무엇일까?	17쪽
02	단군왕검 이야기는 신화일까? 역사일까?	25쪽
03	임금이 없어도 나라인가?	33쪽
04	하남 위례성은 어디일까?	41쪽
05	삼국 시대일까? 사국 시대일까?	49쪽
06	백제는 정말 중국 요서 지방에 진출했을까?	57쪽
07	'Korea(코리아)'라는 말은 어디에서 나왔을까?	65쪽

12 발해 건국, 남북국 시대를 열다 99

역사 탐구
1. 고구려 후손들, 발해를 세우다
2. 발해가 당나라와 전쟁을 하다
3. 해동성국으로 발전한 발해

역사 해석
1. 발해와 신라는 사이가 나빴나?
2. 고구려를 닮은 발해 문화

13 장보고와 최치원, 그리고 호족 등장 107

역사 탐구
1. 장보고
2. 골품 제도에 갇힌 신라
3. 최치원

역사 해석
1. 호족은 왜 등장할 수밖에 없었나?
2. 장보고를 왜 '해상왕'이라 부를까?

14 후삼국 시대가 열리다 115

역사 탐구
1. 후백제를 세운 견훤
2. 후고구려를 세운 궁예
3. 후삼국을 통일한 왕건

역사 해석
1. 궁예는 정말 미치광이 왕이었을까?
2. 고려 통일은 신라 통일과 어떻게 다른가?

08	골품 제도는 신라 발전에 도움이 되었을까?	73쪽
09	삼천 궁녀 이야기는 진실인가, 거짓인가?	81쪽
10	이차돈이 순교한 것은 불교를 위한 희생인가, 정치 술수인가?	89쪽
11	성덕대왕신종을 쳐야 할까? 그대로 두어야 할까?	97쪽
12	전성기를 누리던 발해는 왜 갑자기 멸망했을까?	105쪽
13	최치원이 은둔한 것은 어쩔 수 없는 선택인가? 비겁한 외면인가?	113쪽
14	신라 경순왕이 고려 왕건에게 항복한 것은 잘한 일인가?	121쪽

역사에 비추어 보는 오늘

※ 지난 역사 사건에 비추어서 오늘날 상황 및 문제를 살펴보고 생각해 보는 꼭지입니다. 오늘날 상황과 문제에 대한 슬기로운 해결 방법을 찾아보세요.

	내 용	쪽수
1	선사 시대와 오늘날 생활과 도구	18쪽
2	고조선 8조법과 좋은 규칙, 나쁜 규칙	26쪽
3	변한이 펼친 대외교류와 오늘날 국제관계	34쪽
4	역사 유적 개발해야 할까? 복원해야 할까?	42쪽
5	허황옥 신화와 문물 교류	50쪽
6	칠지도와 일본이 내세우는 주장	58쪽
7	을지문덕이 남긴 '여수장우중문시'와 한·미 FTA	66쪽
8	문화유산 도시가 가진 장단점	74쪽
9	나·당 연합과 의존적인 외교 문제	82쪽
10	삼국 시대 불교 전래와 오늘날 이슬람교	90쪽
11	혜초가 남긴 《왕오천축국전》과 소유권	98쪽
12	다문화 가정에 대한 인식	106쪽
13	장보고에 대한 오늘날 평가	114쪽
14	개인 실력과 팀워크에 대한 생각	122쪽

※ 중학교 역사교과서, 교과연계 출판사 선정은 2017년 기준 교과서 채택 상위 3곳을 대상으로 하였음을 알려드립니다.

01 인류 등장과 신석기 농업 혁명

역사 연대기
약 250만 년 전 | 한반도 윤곽이 형성됨
약 70만 년 전 | 한반도에 첫 인류 등장(평안남도 덕천 승리산인)
약 1만 년 전 | 원시 농경과 목축이 시작됨

학습 목표
❶ 인류 등장 과정을 알 수 있다.
❷ 구석기 시대 생활 모습을 알 수 있다.
❸ 신석기 시대 생활 모습을 알 수 있다.
❹ 신석기 농업 혁명이 가져온 변화를 파악할 수 있다.

교과 연계

초등사회 5-2　1. **우리 역사의 시작과 발전**
　　　　　　　　　1) 선사 시대의 생활 모습

중등역사 1(비상)　1. **문명의 형성과 고조선의 성립**
　　　　　　　　　2) 인류의 출현과 선사 문화의 발전

중등역사 1(미래엔)　1. **문명의 형성과 고조선의 성립**
　　　　　　　　　2) 인류의 출현과 선사 시대의 문화

중등역사 1(천재)　1. **문명의 형성과 고조선의 성립**
　　　　　　　　　2) 인류의 기원과 선사 문화

▲ 역포인 | 중기 구석기 시대 사람(평양시 역포구역 대현동 동굴 유적에서 출토)추정)

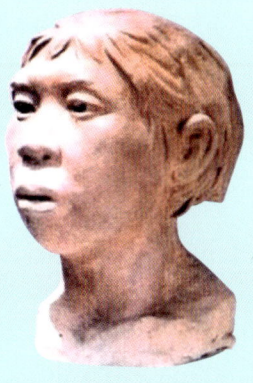
▲ 승리산인 | 후기 구석기 시대 사람(평안남도 덕천시 승리산 유적에서 출토, 우리 나라 직접 조상으로 추정)

▲ 홍수아이(충청북도 청주시 두루봉 동굴 유적에서 출토)

역사 탐구

탐구 1. 지구 탄생과 인류 등장

약 46억 년 전, 은하계에 대폭발이 일어나면서 생겨난 지구는 거대한 가스 덩어리였다. 열기가 식으면서, 기후 변화와 지각 변동을 여러 번 거치게 되었다. 이런 과정 속에서 지구는 둥근 모습을 갖추게 되었으며, 산과 강, 바다와 호수, 들판 등이 생겨났다.

지구에 생명체가 처음 나타난 것은 약 30억 년 전이다. 작은 미생물이었다가 식물이나 동물로 진화하는 것이 생기면서 점점 변화해 나갔다. 수천만 년 전부터는 화산이 폭발하고, 비바람이 불고 폭풍우에 파도가 치는 등 끊임없는 움직임이 이어졌다. 점점 다양한 생물이 살아갈 수 있는 환경이 만들어졌다.

이렇게 생겨난 지구는 크게 원생대, 고생대, 중생대, 신생대로 나누는데, 인류는 신생대 말기인 약 4백만 년 전에 나타났다. 지구 나이 46억 년을 1년이라고 하면, 인류가 등장한 것은 1년 가운데 마지막 날인 12월 31일 저녁 무렵이다.

첫 인류는 원숭이와 매우 비슷한 모양이었으나 오랜 세월을 거치면서 현재와 비슷한 모습으로 진화했다. 인류 조상은 약 4백만 년 전에 등장한 오스트랄로피테쿠스이다. 두 발로 걷기가 가능했지만 완전한 직립 보행은 아니어서 고릴라 머리에 사람과 비슷한 팔다리를 붙인 것 같았다. 약 190만 년 전에 호모에렉투스가 등장했는데, 두뇌 용량이 500~700㎖ 정도였던 오스트랄로피테쿠스보다 용량이 300~400㎖ 정도 더 커지면서 지능이 더욱 발달되었다. 또 턱이 작아지고 얇아졌으며, 허리가 훨씬 더 많이 펴져서 거의 똑바로 설 수 있게 되었다.

현대인과 매우 비슷한 모습과 지능을 갖춘 인류는 약 20만 년 전에 나타난 호모사피엔스이다. 약 4만 년 전부터 피부색과 몸 구조가 다른 인종 특징이 나타나기 시작했다.

탐구하기

1. 인류가 지구상에 처음 나타난 것은 언제쯤인가요?

2. 인류는 어떤 과정을 거쳐 변화해 왔나요? 인류가 변화해 온 과정을 정리해 보세요.

탐구 2 - 사람이 살기 시작한 한반도

구석기 시대는 인류가 지구에 등장한 시기부터 신석기 시대가 시작되는 1만 년 전까지를 말한다. 한반도에는 구석기 시대인 약 70만 년 전부터 사람이 살기 시작했다. 구석기 시대 사람들은 주로 동굴이나 바위 그늘에서 살거나 강이나 바닷가에서 겨우 비바람을 막는 막집을 짓고 살았다. 이들은 3~40명씩 무리를 이루고 살았으며, 먹을 것을 찾아 이리저리 옮겨 다니는 이동 생활을 했다.

그리고 죽은 동물이나 맹수들이 먹다가 남긴 찌꺼기를 먹기도 했었다. 또 동물을 사로잡을 수 있는 무기나 간단한 도구를 만들어 쓰기 시작했다. 이때 사냥한 동물은 물소, 원숭이, 하이에나, 쌍코뿔이 같은 것이었는데, 구석기 시대 유적에서 동물 뼈를 쉽게 발견할 수 있다.

평안남도 덕천군 승리산 동굴에서 사람 것으로 보이는 어금니 두 개와 어깨 뼈 하나가 발굴되었는데, 원숭이와 닮은 최초 인류보다는 조금 더 진화한 이 사람을 '덕천인'이라고 부른다. 그밖에도 충청북도 단양군 상시동굴, 함경북도 웅기군 굴포리, 경기도 연천군 전곡리 등 한반도 곳곳에서 구석기 시대에 살았던 사람이 남긴 유물과 유적들이 발견되고 있다. 이를 통해 구석기 시대에 많은 사람이 한반도에 널리 퍼져 살았다는 것을 알 수 있다.

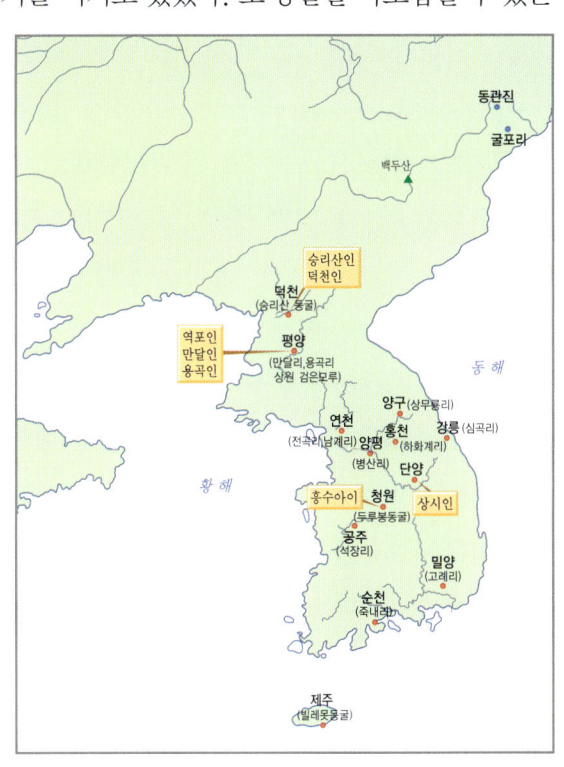

▲ 구석기 시대 유적지 분포

탐구하기

1. 한반도에 사람이 살기 시작한 것은 언제부터인가요?

2. 구석기 시대 사람은 어떤 특징들이 있었나요?

역사 탐구

탐구 3 - 신석기 시대 사람들은 어떻게 살았을까?

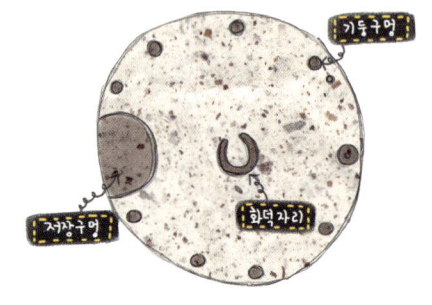

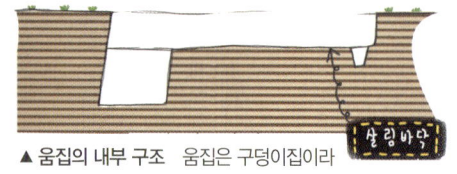

▲ 움집의 내부 구조 움집은 구덩이집이라는 뜻이다.

한반도에서는 약 1만 년 전부터 신석기 시대가 시작되었다. 신석기 시대에는 주로 강가나 해안가에 모여 살기 시작했다. 이들은 추위를 피하기 위해 30~80cm정도 땅을 파고 움집을 지었다. 집 가운데에 불을 피우는 화덕을 갖춘 움집에는 보통 4~5명이 모여 살았다.

신석기 시대에는 농사를 짓고 가축을 기르면서 마을을 이루고 살았다. 땅에서 함께 일하고, 얻어지는 생산물을 나누어 갖는 평등 사회였다.

구석기 시대에는 돌을 깨뜨려 만든 뗀석기를 사용했으나 신석기 시대에는 돌을 갈아 만든 간석기를 사용했다. 신석기 시대 사람들은 돌괭이, 돌삽, 돌보습 등 여러 가지 농기구를 만들어 사용했고, 가락바퀴나 뼈바늘로 옷이나 그물을 만들어 사용하는 수공업을 시작했다. 그밖에도 조개껍데기나 동물 뼈로 만든 팔찌, 목걸이 등을 장신구로 사용했다.

농경과 정착 생활을 했지만, 여전히 자연 변화에 많은 영향을 받았다. 그래서 자연물 하나하나를 높이 받들어 재난을 피하고, 풍요를 빌기 시작했다. 농사에 커다란 영향을 미치는 구름, 비, 바람 등과 같은 자연 현상이나 산, 바다, 나무, 바위 같은 자연물을 포함한 모든 우주 만물에 영혼이 있다고 믿는 정령 신앙(애니미즘)이 생겨났다. 아울러 사람이 죽어도 영혼은 없어지지 않는다는 영혼 숭배와 조상 숭배 사상이 싹트기 시작했다. 해가 떠오르는 동쪽을 영혼이 생겨나는 곳으로 생각하고, 시신 머리를 동쪽으로 향하게 묻었다. 죽은 사람이 살았을 때 즐겨 사용하거나 아끼던 물건도 함께 묻었다. 그 밖에도 곰, 호랑이 같은 동물이나 나무, 풀 같은 식물을 수호신으로 숭배하는 토테미즘 사상도 생겨났다.

탐구하기

1. 신석기 시대 사람들이 살았던 집을 무엇이라고 부르나요?

2. 신석기 시대 사람들이 믿은 신앙에는 어떤 것들이 있나요?

역사 해석

해석 ▸ 농경이 가져온 변화

구석기 시대에는 짐승을 사냥하거나 나무 열매를 채집해 먹었지만, 신석기 시대에는 스스로 먹을 것을 생산하게 되었다. 이처럼 인류가 농경과 목축을 통해 식량을 생산하게 된 것은 삶을 크게 바꾼 사건이었다. 신석기 혁명 또는 신석기 농업 혁명으로 부르는 이 사건은 생활 방식에 여러 가지 변화를 가져왔다.

💡 정착 생활을 시작하다.

신석기 시대부터 먹다버린 씨앗이 땅에 떨어져 저절로 싹이 트고 자라, 다시 열매 맺는 것을 보고 농사를 짓기 시작했다. 숲에 불을 질러 화전을 만들고, 조, 피, 수수, 기장 등과 같은 식물을 키웠다. 식량은 충분하지 못했지만 서로 평등하게 나누어 먹었다. 한 곳에 머물러 살기 시작했고, 농사 기술과 도구가 점점 발달하면서 식량이 풍부해졌다.

신석기 시대 후기가 되면서 여러 가지 농사 도구와 기술이 발달하면서 농업 생산량이 늘어났다. 그러자 마을 사람 전체가 매달리지 않고, 가족끼리 농사를 지어도 먹고 남을 정도로 식량이 많아졌다.

💡 토기를 만들기 시작하다.

농사를 지으며 수확물이 많아지자 흙 그릇인 토기를 만들었다. 흙 그릇은 먹고 남은 곡식들을 저장하는 데 사용했다. 강가나 바닷가 모래땅에서 토기가 넘어지지 않도록 끝을 뾰족하게 만들었다. 불에 구울 때 토기가 갈라지는 것을 막기 위해 토기에 무늬를 새겨 넣었으며, 점차 보관용과 요리용 등으로 종류도 다양해졌다. 신석기 시대를 대표하는 빗살무늬 토기는 서울시 강동구 암사동, 경기도 하남시 미사동 등에서 많이 발굴되었다.

💡 가축을 기르기 시작하다.

신석기 시대부터 사냥해 온 동물이나 새를 가두어놓고 기르기 시작했는데, 이를 '집에서 기르는 동물'이라는 뜻으로 '가축'이라고 불렀다. 주로 온순하고 무엇이나 잘 먹으면서도 새끼를 많이 낳아 번식을 잘하는 것을 골라 가축으로 길렀다.

역사 해석

💡 부계 중심 사회가 되다.

농업이 발달하고 수확량이 점점 늘어나면서부터 경제 능력에 따라 사람 능력이 결정되기 시작했다. 그러자 많은 노동력을 제공해 수확량을 조금이라도 늘릴 수 있는 남성 능력을 여성이 출산하는 능력보다 더 중요하게 여기기 시작했다. 남성은 힘을 뽐내면서 사회 제도를 남성 중심으로 만들기 시작했으며, 세상일로부터 여성을 소외시키고 차별했다. 남성은 집안에서 아버지 권위를 강조하며, 출산도 아들을 낳고 노동력을 만드는 것으로 여기기 시작했다.

해석하기 인류가 농경과 목축을 통해 식량을 생산하게 된 것은 삶을 크게 바꾼 사건이었습니다. 신석기 농업 혁명으로 부르는 이 사건은 인류가 살아가는 방식에 어떤 변화를 가져왔나요?

첫째,

둘째,

셋째,

역사 토론

📍 인류가 만물을 지배하는 주인공이 되는 데 더 큰 영향을 미친 것은 무엇일까?

토론 내용 인류는 자연에 있는 모든 동식물을 지배하는 위치에 이르게 되었다. 인류가 만물을 지배하는 주인공이 되는 데 더 큰 영향을 미친 것은 도구 사용일까? 불 사용일까?

토론 1. 도구를 만들어 사용할 수 있었기 때문이다.

인류가 다른 동물과 달리 두 발로 걷게 되자 손이 자유로워졌다. 자유로워진 두 손으로 여러 가지 도구를 만들어 사용하면서 자연을 지배할 수 있게 되었다.

토론 2. 아니다. 불을 사용할 수 있었기 때문이다.

인류와 가장 비슷한 침팬지도 불은 사용할 줄 모른다. 불을 사용하면서 생활에 여유가 생겼고, 그 여유는 깊이 생각할 수 있게 해주었다. 깊이 생각했기 때문에 도구와 언어를 만들 수 있었고, 자연을 지배할 수 있게 되었다.

토론 3. 그래도 도구를 만들어 사용할 수 있었기 때문이다.

원숭이도 나뭇가지 같은 도구를 사용할 줄은 알지만, 필요한 도구를 만들어서 쓰지는 못한다. 인류는 필요한 도구를 직접 만들어 편리한 생활을 했고, 도구를 이용해 자연을 지배할 수 있게 되었다.

토론 4. 아무리 그래도 불을 사용할 수 있었기 때문이다.

불을 사용하기 전에 인류는 나약한 존재에 불과했다. 불을 사용하면서 짐승으로부터 자신을 지킬 수 있었고, 추위도 이길 수 있게 되었다. 또 음식을 익혀 먹으면서 수명도 길어졌고, 얼굴 구조가 바뀌면서 뇌 용량도 커졌다. 불을 사용할 수 있게 되면서 다른 동물을 누르고, 자연을 지배하는 주인공이 될 수 있었다.

토론하기 인류가 만물을 지배하는 주인공이 되는 데 더 큰 영향을 미친 것은 무엇일까요? 자기 생각을 밝히고, 그 까닭을 쓰세요.

역사 에 비추어 보는 오늘

학습 내용 | 정해진 답은 없습니다. 자기 생각을 자유롭게 쓰세요.

생각열기

1. 어머니와 함께 가까운 공원으로 산책을 나갔습니다. 그런데 주인이 없어 보이는 사나운 개가 앞을 가로 막았습니다. 어떻게 하면 이 위기에서 벗어날 수 있을까요?

2. 가족 가운데 가장 영향력이 큰 사람은 누구이며, 그 까닭은 무엇일까요?

3. 구석기 시대, 신석기 시대 사람에게는 사나운 짐승, 배고픔, 추위 등이 삶을 위협하는 위험 요소였습니다. 오늘날에는 사람을 위협하는 위험 요소에 어떤 것들이 있나요?

4. 신석기 시대 사람들은 움집에서 살았습니다. 움집은 어떤 점이 불편할지 써 보세요.

02 청동기 문화를 기반으로 건국된 고조선

역사 연대기
기원전 5세기 | 한반도에 철기가 전해짐
기원전 207년 | 중국 진나라가 멸망함
기원전 194년 | 위만이 준왕을 몰아내고 고조선 왕이 됨
기원전 108년 | 고조선이 멸망함

학습 목표
❶ 단군왕검 이야기를 알 수 있다.
❷ 고조선 발전과 멸망 과정을 알 수 있다.
❸ 신화를 역사로 해석하는 방법을 알 수 있다.
❹ 8조법을 통해 고조선 사회 모습을 알 수 있다.

교과 연계

초등사회 5-2
  1. 우리 역사의 시작과 발전
    2) 최초의 국가 고조선

중등역사 1(비상)
  1. **문명의 형성과 고조선의 성립**
    4) 고조선과 여러 나라의 성장

중등역사 1(미래엔)
  1. **문명의 형성과 고조선의 성립**
    4) 고조선과 여러 나라의 성장

중등역사 1(천재)
  1. **문명의 형성과 고조선의 성립**
    4) 고조선과 여러 나라의 성장

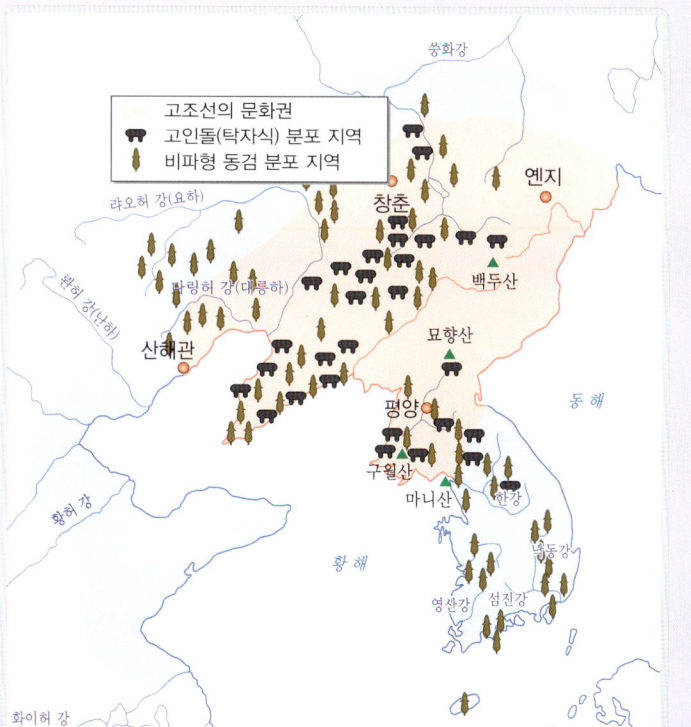

▲ 강화 지석묘(사적 137호) 북방식 고인돌(길이 7.1m, 너비 5.5m, 무게 50톤). 우리나라 최대 고인돌이며, 고인돌 크기는 지배자가 엄청난 권력을 가지고 있었음을 뜻한다.

◀ 고조선 문화 범위

역사 탐구

탐구 1 - 단군왕검 이야기

일연이 쓴 《삼국유사》에는 고조선 건국에 대해 다음과 같은 이야기가 실려 있다.

- **천부인(天符印) 세 개** 신이 부리는 위력과 영향을 나타내는 것으로, 청동 검, 청동 거울, 청동 방울로 짐작한다.
- **신단수(神檀樹)** 신단에 서 있는 나무로, 신성한 지역을 나타낸다.
- **풍백(風伯), 우사(雨師), 운사(雲師)** 각각 바람, 비, 구름을 주관하는 관리를 말한다.
- **조선(朝鮮)** 단군왕검이 세운 조선을 이성계가 세운 조선뿐만 아니라 위만이 세운 조선과도 구분하기 위해서 '고조선'이라고 불렀다. 이 책에서는 위만조선까지 고조선으로 통일했다.
- **아사달(阿斯達)** '아침 해가 비치는 곳'이라는 의미로 원래 조선을 뜻한다고 짐작한다.

옛날에 하늘을 다스리는 환인에게 아들이 여럿 있었는데, 그 가운데 환웅이 하늘 아래 세상을 다스리고 싶어 했다. 환인이 내려다보니 인간 세계를 널리 이롭게(홍익인간) 할만 해서 환웅에게 천부인 세 개를 주면서 허락했다.

환웅은 무리 삼천 명을 이끌고 태백산(백두산) 꼭대기에 있는 신단수 아래로 내려와 '신을 상징하는 도시'인 신시(神市)를 세웠다. 환웅은 풍백, 우사, 운사를 거느리고 곡식, 수명, 질병, 형벌, 선악 등을 주관하면서 삼백예순 가지나 되는 일을 맡아 다스렸다.

그때 곰 한 마리와 호랑이 한 마리가 환웅에게 사람이 되게 해달라고 빌었다. 그래서 환웅이 쑥과 마늘을 주면서 백 일 동안 햇빛을 보지 않으면 사람이 될 것이라고 했다. 곰과 호랑이는 굴로 들어갔으나, 호랑이는 못 견디고 뛰쳐나갔다. 곰은 삼칠일(三七日, 21일) 동안 쑥과 마늘을 먹고 여자(웅녀)가 되었다.

웅녀가 아이를 갖고 싶었으나 결혼할 사람이 없었으므로 날마다 신단수 밑에서 빌었다. 환웅이 잠시 사람 몸으로 변해서 웅녀와 결혼해 아들을 낳으니, '단군왕검'이다.

단군왕검은 요임금이 왕위에 오르고 50년째 되던 해에 평양성을 도읍으로 삼고 '조선(朝鮮)'을 세웠다. 나중에 도읍을 백악산 아사달로 옮겨서 나라를 다스리다가 일천구백여덟 살에 죽어 산신이 되었다.

탐구하기 환웅과 웅녀가 결혼해 낳은 아들은 누구인가요?

탐구 2 ○ 고조선 발전과 멸망

기원전 2333년에 건국했다고 전하는 고조선은 기원전 7세기 무렵에 중국 역사책에 처음 등장한다. '제(齊)나라와 교역했다.'고도 하고, '조선이 발해만 북쪽에 있다.'고도 되어 있다.

랴오허 강(요하, 遼河) 유역과 한반도 북쪽 지역에서 청동기 문화를 바탕으로 세운 고조선은 기원전 5세기 무렵 중국으로부터 철기 문화를 받아들여 더욱 발전했다. 기원전 4세기에는 중국 연(燕)나라와 맞설 정도로 강력한 나라가 되었다.

중국에서 진(秦)나라가 망하고 한(漢)나라가 세워지는 과정에서 혼란을 피해 많은 사람들이 고조선으로 들어왔는데, 위만(衛滿)도 무리 천여 명을 이끌고 왔다. 앞선 철기 문화를 가져 온 위만은 고조선 준왕으로부터 믿음을 얻어 서쪽 국경을 지키는 임무를 맡았다.

▶ **비파형 동검(琵琶形銅劍)** 중국 악기인 비파를 닮은 동검이다.

기원전 194년 위만은 준왕에게 한나라 군사가 쳐들어오니 왕을 보호할 수 있게 해달라고 거짓 보고를 올렸다. 그리고는 군사를 이끌고 와 준왕을 내쫓고 왕이 되었다. 이때부터를 '위만 조선'이라고 부른다. 위만은 왕이 된 뒤에도 '조선'이라는 나라 이름을 그대로 사용했다. 또 고위 관직에 고조선 사람을 등용했다.

이 시기 고조선은 발전한 철기 문화를 바탕으로 농업과 수공업, 상업이 발달했다. 한반도와 중국 사이에 자리 잡은 이점을 활용해 둘레 나라를 하나로 묶은 다음, 한나라와 무역을 하는 '중계 무역'으로 많은 이익을 차지했다.

고조선이 성장하자 불만과 불안을 느낀 한나라가 고조선을 침략했다. 우거왕은 한나라 군대에 맞서 1년이 넘도록 싸웠다. 그러나 지배층이 분열하고 우거왕이 한나라 자객에게 살해되자 급격히 몰락했다. 기원전 108년 수도인 왕검성이 함락되고 고조선은 멸망했다. 한나라는 고조선 땅에 한나라 행정 조직인 낙랑, 임둔, 진번, 현도, 이렇게 네 개 군을 설치해 자기 나라 땅으로 만들었다.

탐구하기 진나라가 망하고 한나라가 세워지는 과정에서 고조선에 들어와 준왕을 몰아내고 왕이 된 사람은 누구인가요?

역사 해석

해석 1 ─ 단군왕검 이야기에 담긴 의미

💡 단군왕검은 제정일치 시대 지배자이다.

'단군'은 제사장, '왕검'은 임금이라는 뜻이다. '단군왕검'은 하늘에 제사를 지내는 사람이 '내 뜻은 곧 하늘이 내린 뜻'이라면서 나라를 다스리는 제정일치 시대 지배자를 뜻한다. 그러므로 고조선은 신이 내린 뜻에 따라 나라를 다스렸던 신정(神政) 국가라고 할 수 있다. 그러니 단군왕검이 죽어서 산신이 되었다는 해석도 가능한 것이다.

💡 외래 문화와 토착 문화가 결합하다.

환웅이 하늘에서 내려왔다는 것은 우수한 청동기를 쓰는 세력이 석기를 쓰는 세력에게 왔다는 말이다. 중국이나 시베리아, 몽골 같은 북쪽에서 내려온 것이다.

환웅 무리는 청동기를 쓰면서 바람, 비, 구름을 잘 다루는 풍백, 우사, 운사를 거느리고 와 농사에 뛰어났다. 또한 무리 삼천 명을 이끌고 왔다는 것은 그만큼 거대한 부족이라는 뜻이다. 그러니 곰이나 호랑이를 섬기면서 석기를 쓰던 사람은 환웅 무리를 잘 따랐을 것이며, 기술도 배우고 한 무리로 합치고 싶었을 것이다.

환웅이 다스리기는 했으나 나라를 세우지 못한 것은 부족한 점이 있었기 때문이다. 환웅 스스로 나라를 잘 다스릴 수 있었다면 곰과 호랑이에게 쑥과 마늘을 주거나 합치려고도 하지 않았을 것이다.

▲ 빗살무늬 토기와 돌도끼

💡 모계 사회와 부계 사회가 결합하다.

환웅은 호랑이를 섬기는 부족보다 곰을 섬기는 부족이 더 마음에 들었기 때문에 곰 부족과 합치게 되었다. 환웅과 곰 부족 처녀가 결혼하였고, 그 사이에서 단군왕검이 태어났다. 곰 부족과 환웅 부족을 이어받은 단군왕검이 지배자가 되자, 청동기 문화와 신석기 문화를 합친 거대한 무리가 되어 국가가 세워질 수 있었다.

환인과 환웅은 아버지와 아들 관계로, 남자가 중심이 되어 대가 이어진다. 하지만 곰 부족 대표로 처녀가 나온 것은 여자가 중심이 되는 모계 사회라는 것을 뜻한다. 환웅과 곰 부족 처녀(웅녀)가 결혼해서 아들인 단군왕검이 태어났다는 것은 부계 사회와 모계 사회가 합쳐져 부계 사회가 되었다는 것을 의미한다.

그러므로 단군왕검 이야기를 역사로 해석하면, 신석기와 빗살무늬 토기를 쓰고 곰을 섬기는 모계, 토템 사상(토테미즘) 부족과 청동기와 무늬가 없는 민무늬 토기를 쓰고 하늘을 섬기는 부계, 천신(天神) 사상 부족이 합쳐져서 새로운 국가를 세운 것이다.

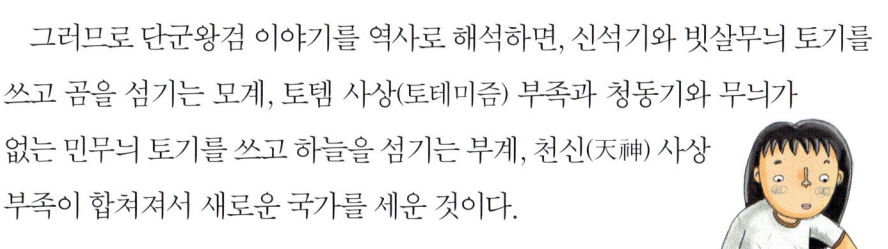

◀ 민무늬 토기와 청동 거울

해석하기 1. 단군왕검 이야기는 어떤 문화와 어떤 문화가 결합되는 과정을 나타낸 것인가요? 빈칸에 알맞은 말을 써 넣으세요.

곰 부족	환웅 무리
신석기	( )
( )	민무늬 토기
( )	천신 사상
모계 사회	( )

2. '단군왕검'이라는 이름에서 단군과 왕검은 각각 어떤 뜻인가요?

• 단군 ( )　　　　• 왕검 ( )

역사 해석

해석 2 - 8조법으로 본 고조선 사회 모습

고조선을 다스리던 법 8조 가운데 세 가지 조항이 《한서(漢書)》 지리지에 전한다.

> 첫째, 사람을 죽인 자는 즉시 죽인다.
> 둘째, 남에게 상처를 입힌 자는 곡식으로 갚는다.
> 셋째, 도둑질을 한 자는 그 집 노비로 삼는다. 단, 노비를 면하려면 50만 전을 내야 한다.

첫 번째 조항과 두 번째 조항으로 고조선이 생명과 노동력을 매우 중요하게 생각했음을 알 수 있다. 상처를 입혔을 때 곡식으로 갚는 것은 농사를 못 짓는 것에 대한 대가이며, 개인이 자기 재산을 가져도 되는 사유 재산 제도가 있었다는 뜻이다.

세 번째 조항으로 지배하는 사람과 지배를 당하는 사람이 있는 계급 사회였음을 알 수 있다. 고조선은 귀족과 평민, 노예라는 신분 제도가 있었다. '50만 전'이라는 것으로도 사유 재산이 있었다는 것과 화폐가 사용되었음을 말해 준다.

그 밖에 '부인은 곧고 믿음이 있어 음란하지 않았다.'는 내용도 있는데, 이것은 고조선이 남성 중심 사회였음을 뜻한다.

법률이 있었다는 것은 나라를 통치하는 질서가 잡혀 있었다는 뜻이다. 법으로 다스리면 공평할 수 있고, 공평함이야말로 나라를 다스리는 가장 근본이 된다. 하지만 한편으로는 사회 갈등이 컸다는 뜻도 된다. 본격적으로 철제 농기구를 사용하면서 농업 생산량이 늘어나자 자연스럽게 빈부 격차는 더 커졌다. 이런 빈부 격차는 가진 계급과 가지지 못한 계급으로 나뉘어 갈등을 일으켰고, 그것은 사회 갈등으로 이어져 대립하게 되었다. 이런 갈등을 엄격한 법으로 다스린 것이다.

해석하기 8조법에서 고조선에 사유 재산 제도가 있었다는 것을 알려주는 두 가지 증거는 무엇인가요?

역사 토론

📍 단군왕검 이야기는 신화일까? 역사일까?

토론 내용 어떤 목사가 학교에 세워 둔 단군상 목에 밧줄을 걸고 차로 잡아 당겨서 부러뜨린 사건이 일어났다. 그 목사는 단군을 섬기는 것은 우상을 숭배하는 것이라고 자기 종교가 내세우는 교리에 따른 행동이라고 주장했다.

토론 1. 단군왕검 이야기는 역사가 아니다.

단군왕검 이야기는 고조선을 세우면서 자신이 권력을 잡는 것이 정당하다는 것을 뒷받침하기 위해 내세운 종교 사상일 뿐이다.

토론 2. 아니다. 역사다.

우리 역사 속에서 임금들은 자신을 단군 후손이라 했고, 백성들도 단군을 민족 시조로 알았다. 《제왕운기》에는 '동부여, 북부여, 남옥저, 북옥저, 예맥 등이 모두 단군 후예'라고 적혀 있고, 《삼국유사》에도 '고구려 동명왕은 단군 아들'이라고 되어 있다.

토론 3. 그래도 역사가 아니다.

단군왕검이 언제 어디서 조선을 건국했는지에 대한 정확한 기록은 어디에도 없다. 증거가 없는 것을 역사라고 우긴다면 역사는 소설이나 상상과 다를 게 없다. 또 단군왕검이 일천구백여덟 살에 죽었다는 것만 봐도 역사가 아니다.

토론 4. 아무리 그래도 역사다.

단군왕검이 일천구백여덟 살에 죽었다는 것은 단군왕검이라는 직책이 1908년 동안 이어져 내려왔다는 것이다. 단군왕검 이야기가 허구라고 왜곡되기 시작한 것은 일제 강점기 때이다. 초대 조선 총독 데라우치는 단군이 기록된 역사책과 조선 지리책을 '불온 서적(불량스러운 책)'이라며 압수했다. 수십만 권에 이르는 책을 모두 없애 버리고 조선 역사를 신라 박혁거세부터 시작한 것으로 만들었다.

토론하기 단군왕검 이야기는 신화일까요, 역사일까요? 자기 생각을 밝히고, 그 까닭을 쓰세요.

역사에 비추어 보는 오늘

학습 내용 | 정해진 답은 없습니다. 자기 생각을 자유롭게 쓰세요.

좋은 규칙 vs 나쁜 규칙

사람들 열여덟 명이 모여서 야구하는 모임을 만들기로 했다. 두 편으로 나누어서 화요일마다 아침에 야구 경기를 하기로 했지만 야구는 한 편이 아홉 명이니 두 편으로 나누면 남는 사람이 없으니까 아무도 모임에 빠지면 안 된다고 생각했다. 그래서 '절대로 모임에 빠지지 말자.'는 규칙을 정했다. 그리고 만약 지키지 않으면 어떻게 할 것인지 벌칙을 정하기로 했다.

첫 번째 사람이,

"한 번 빠지면 영원히 회원 자격을 뺏자."

고 했다. 몇 사람이 그 말에 찬성했다. 두 번째 사람은,

"그 규칙은 너무 가혹하니 세 번 정도 빠지면 뺏자."

고 했다. 또 몇 사람이 그게 좋겠다고 했다. 그러자 첫 번째 사람이,

"세 번까지 기회를 주면 누구나 두 번씩은 빠져도 된다고 생각할 테니, 한 번 모임에 평균 서너 명이 빠지게 되면 역할이 정해져 있는 야구 경기는 도저히 할 수가 없다."

고 했다. 몇 사람은 그 말이 맞다고 했다. 그러나 두 번째 사람은,

"사람이 살다보면 아플 수도 있고, 정말 나올 수 없는 형편이 될 수도 있으니 한 번은 너무한다."

고 했다. 또 몇 사람이 그 말도 맞다고 했다. 하지만 첫 번째 사람은,

"지키지 않을 규칙이라면 만들 필요도 없다. 규칙이 엄격해야 모두가 지키려고 노력하게 될 것이다."

라고 했다. 그때 또 한 사람이,

"벌칙이 없더라도 스스로가 규칙을 지키려고 노력하면 아무도 어기는 사람이 없을 것이다."

라고 했다. 하지만 세 번째 사람이 하는 말에 찬성하는 사람은 아무도 없었다.

생각열기 첫 번째 사람 의견을 따르면 어쩔 수 없는 사정이 생겨서 모임에 못 나오게 되더라도 회원 자격을 잃게 됩니다. 하지만 두 번째 사람 의견을 따르면 규칙을 지키려는 마음이 약해져서 몇 명씩 빠지게 될 수도 있습니다. 야구는 역할이 정해져 있어서 한 사람만 빠져도 제대로 경기를 할 수가 없습니다. 가장 바람직한 규칙은 어떤 것일까요?

03 고조선 다음에 세워진 나라들

역사 연대기
기원전 206년 | 전한이 세워짐
기원전 97년 | 사마천이 사기를 완성함
기원전 57년 | 신라가 세워짐
서기 8년 | 전한이 멸망함

학습 목표
1. 부여 역사를 알 수 있다.
2. 옥저와 동예, 삼한 역사를 알 수 있다.
3. 풍습을 통해서 여러 나라 사회 모습을 알 수 있다.
4. 나라라고 규정하는 기준을 생각할 수 있다.

교과 연계
- 초등사회 5-2 — 1. 우리 역사의 시작과 발전 _ 2) 최초의 국가 고조선
- 중등역사 1(비상) — 1. 문명의 형성과 고조선의 성립 _ 4) 고조선과 여러 나라의 성장
- 중등역사 1(미래엔) — 1. 문명의 형성과 고조선의 성립 _ 4) 고조선과 여러 나라의 성장
- 중등역사 1(천재) — 1. 문명의 형성과 고조선의 성립 _ 4) 고조선과 여러 나라의 성장

◀ 부족 연맹 국가 성장

역사 탐구

탐구 1. 사출도로 다스린 부여

부여라는 나라 이름은 들판을 뜻하는 '벌'이나 만주어로 사슴인 '푸후'에서 나왔다고 한다. 북쪽 탁리국에 왕을 모시던 궁녀가 낳은 동명이 엄체수를 건너 도망친 다음 부여에 도읍을 정하고 나라를 세웠다고 한다. 기원전 3세기 무렵부터 494년까지 쑹화강 둘레인 북만주 땅에 자리 잡고 있었다. 북부여와 동부여를 합쳐 부여라고 불렀다. 기름지고 넓은 들판에 자리 잡고 농사를 지었으며 목축이 발달했다. 부여에서 키워낸 말은 잘 달리고 튼튼해서 다른 나라에서도 아주 좋아했다.

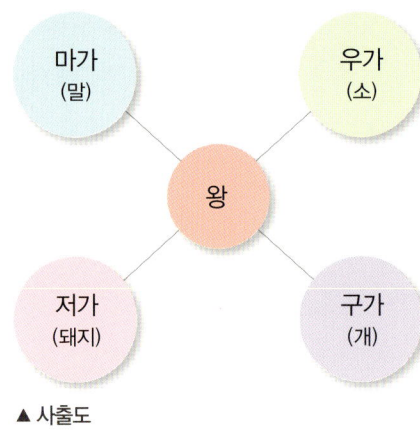
▲ 사출도

수도를 중심으로 네 방향으로 뻗어나가는 '사출도'라는 지방 행정 구역이 있었다. 그리고 벼슬에 말, 소, 돼지, 개를 붙인 마가(말)·우가(소)·저가(돼지)·구가(개)가 한 지역씩 맡아 다스렸으며, 자기 마을을 다스리다가 전쟁이 나면 군대를 이끌고 나갔다.

부여에도 엄격한 법이 있었다. 살인한 자는 사형에 처하고 그 가족은 노비로 삼았으며, 도둑질을 하면 열두 배로 물어주도록 한 1책 12법이 있었다. 부여에 신분 제도와 사유 재산 제도가 있었다는 것을 알 수 있다.

부여 사람들은 흰옷을 좋아했고, 소매가 넓은 저고리와 바지를 입고 가죽으로 만든 신발을 신었다. 비단에 수를 놓거나 모자와 허리띠에 금이나 은으로 장식을 다는 기술이 뛰어났고, 금이나 은을 캐는 광산도 있었다. 12월에는 하늘에 제사를 지내고 며칠 동안 노래하고 춤추는 '영고'라는 제천 행사를 벌였다. 이때 감옥에 갇힌 죄수들을 풀어주기도 했다.

형이 죽으면 동생이 형수와 결혼하는 '형사취수제'가 있었다. 이 제도는 남자가 부인을 많이 거느리려는 것이 아니라 한 집안을 이끄는 남자가 죽으면 가족이 살아갈 수가 없기 때문에 조카와 형수를 부양하기 위해서 생긴 제도이다.

탐구하기 도둑질을 하면 열두 배로 물어주도록 했던 부여 법은 무엇인가요?

탐구 2 ─ 민며느리제가 있었던 옥저

옥저는 함경도 해안 지방에 자리 잡았던 나라로, 함흥 지방에 동옥저와 두만강 둘레에 북옥저가 있었다. 《삼국지》 위서 동이전에는 3세기 무렵에 인구가 5천 호나 되고, 땅은 천리나 된다고 기록되어 있다. 동옥저가 자리 잡은 함흥 지방은 함경도 남쪽과 강원도 북쪽 바닷가에 걸쳐있는 함흥평야와 영흥평야 지역으로, 땅이 기름져 농사가 잘 되었다. 농사와 더불어 동해 바다에서 많은 해산물이 났고, 바닷물로 소금도 만들어 먹었다.

나라를 다스리는 임금은 없었고, 처음에 고조선이 다스리다가 멸망한 다음, 한나라가 세운 현도군이 다스렸다. 고구려가 현도군을 몰아내자 낙랑군에 속한 땅이 되었고, 낙랑군이 약해지자 고구려가 다스리게 되었다. 음식이나 옷, 집 모양, 생활 방식도 고구려와 거의 같았다.

고구려는 직접 다스리지 않고 원래 살던 마을 우두머리인 족장을 통해서 세금을 거두는 방법으로 다스렸다. 고구려 관리인 대가(大加)를 보내서 세금을 거두기도 했다. 옥저는 삼베, 소금, 해산물 같은 물건을 조공으로 보냈다. 여자도 보냈는데, 고구려 사람과 결혼하거나 노예가 되었다.

옥저에는 '민며느리제'가 있었다. 여자아이가 열 살이 되기 전에 결혼을 약속하고 신랑이 될 남자 집으로 가서 살다가 결혼할 나이가 되면 자기 집으로 돌아갔다. 이때 신랑이 여자 집에 돈을 주면 다시 신랑 집으로 가서 결혼식을 올리고 부부로 같이 사는 것이다.

또 옥저에서는 사람이 죽으면 풀이나 흙으로 덮어 두었다가 썩으면 뼈만 추려서 나무상자에 넣었다. 이 나무상자는 한 집안 사람 뼈를 다 같이 묻는 것이었다. 목곽 옆에는 죽은 사람 수 만큼 나무인형을 깎아 놓았다.

두만강 하류에 자리 잡은 북옥저는 동옥저와 멀리 떨어져 있었지만 사는 모습은 비슷했다. 두만강을 따라 쳐들어오는 읍루족을 피해서 여름에는 산속에 들어가서 살다가 겨울에 강이 얼어붙으면 강가로 나와서 살기도 했다.

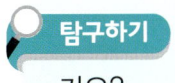 옥저에서 여자아이가 열 살이 되면 신랑 집에 가서 살다가 결혼하는 풍습은 무엇인가요?

역사 탐구

탐구 3 - 호랑이를 섬긴 동예

동예는 강원도 원산에서 경북 영덕 지방까지 동해 바닷가에 걸쳐 자리 잡고 있었다. 북쪽에는 고구려와 옥저가 있었고, 남쪽에는 진한이 자리 잡고 있었다. 옥저처럼 임금이 없고 힘도 약해서 둘레에 힘센 나라가 생기면 그 나라로부터 다스림을 받았다.

처음에는 고조선 지배를 받다가 고조선을 무너뜨린 한나라가 세운 4군 가운데 임둔군 지배를 받았다. 임둔군이 고구려에 밀려 요동 지방으로 물러가자 낙랑군 지배를 받다가 나중에는 낙랑군을 차지한 고구려 지배를 받았다. 동예도 옥저처럼 다른 나라로부터 직접 지배를 받지 않고 마을 우두머리가 지배하는 나라에 세금을 바치는 방법으로 5세기 무렵까지 둘레 나라로부터 다스림을 받다가 광개토대왕이 영토를 넓히던 시기에 고구려와 합쳐졌다. 이때 남쪽 지방은 신라 땅이 되었다.

동예는 별자리를 관찰해서 농사가 잘 될지를 짐작했다. 또 산이나 강을 경계로 다른 마을에 함부로 들어가지 않았는데, 이를 어길 경우에는 노예나 소, 말 같은 것으로 보상하는 '책화'가 있었다.

도둑이 별로 없었고, 살인을 하면 사형에 처할 정도로 법이 엄했다. 호랑이를 신으로 섬기는 토템 사상이 있었으며, 같은 부족끼리는 결혼을 하지 않고 다른 부족과 혼인하는 족외혼을 실시했다.

동예에서 쓰던 '단궁'이라는 활은 크기가 작아도 탄력이 좋아 멀리까지 화살을 날려 보낼 수 있었다. 작은 활은 말 등에 앉아서도 자유롭게 바꾸면서 쏠 수 있기 때문에 말을 타고 사냥을 하거나 전쟁을 하기에 아주 좋았다.

'과하마'라는 말은 나무 밑으로 지나갈 수 있을 정도로 작아서 사냥을 하거나 숲에서 전쟁을 할 때 타고 달리기 좋았고, 튼튼하고 순해서 길들이기도 좋았다. 군인은 긴 창을 들고 싸웠는데, 말을 타고 싸우는 것보다 걸으면서 싸우는 것을 더 잘했다.

추수가 끝난 10월에는 하늘에 제사를 지내는 '무천'이라는 제천 행사를 벌여 밤낮으로 먹고 마시며 춤추고 노래 부르며 놀았다.

 탐구하기 동예에서 쓰던 활로 크기가 작아도 탄력이 좋아서 화살을 멀리까지 날릴 수 있었던 것은 무엇인가요?

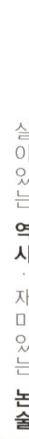

탐구 4 ─ 마한, 진한, 변한을 합쳐서 삼한

삼한은 기원전 1세기부터 3세기 무렵까지 한강 둘레와 충청, 전라, 경상도 지방에 자리 잡고 있던 부족 연맹체인 마한, 진한, 변한을 합쳐서 부르는 이름이다. 나라를 다스리는 사람을 군장이라고 했고, 하늘에 제사 지내는 사람을 '천군'이라고 했다. 천군이 다스리는 땅을 '소도'라고 했는데, 신성한 곳이었기 때문에 죄인이 도망치면 잡으러 들어갈 수 없었다. 이 나라들은 씨를 뿌리는 5월과 수확을 하는 10월에 하늘에 제사를 지내고 춤추며 노래하는 제천 행사를 벌였다. 죽은 사람과 함께 소나 말을 같이 묻는 순장 풍습도 있었다.

▲ 솟대 긴 장대 끝에 나무로 만든 새 조각이 있는 모습이다.

삼한 가운데 가장 북쪽에 자리 잡은 마한은 황해도 남쪽, 서해와 경기도, 충청도, 전라도 지역에 걸쳐 54개나 되는 작은 나라로 이루어져 있었다. 그 가운데에는 1만 호 정도로 큰 나라도 있었다. 마한에서 가장 힘센 나라는 목지국이었다.

진한은 낙동강 중·상류 경상도 지역에 자리 잡은 나라로 경주에 있는 사로국을 비롯한 12개 소국이 모인 것이었다. 마한보다 작아서 큰 나라도 5천 호 정도 밖에 되지 않았고, 작은 나라는 몇 백 호 정도 밖에 되지 않았다. 아이가 태어나면 머리를 돌로 눌러서 납작하게 만들려는 편두 풍습이 있었고, 쇠로 만든 돈인 '철전(鐵錢)'을 썼다. 농사를 지었고, 누에를 치고 베를 짜서 옷을 해 입었다.

변한은 낙동강 하류 지역에 자리 잡은 부족 연맹체로 진한과 문화가 다르지 않았다. 철이 많이 나서 마한을 비롯한 낙랑군과 대방군, 동예 같은 둘레 나라에 수출했다.

삼한 시대에는 농사를 잘 짓기 위해서 저수지를 만들기도 했는데, 제천에 있는 의림지와 김제에 있는 벽골제가 지금까지 남아 있다.

▲ 제천 의림지

탐구하기 삼한에서 천군이 다스리는 신성한 땅을 무엇이라고 불렀나요?

역사 해석

해석 - 기록이 거의 남아 있지 않은 부여

부여가 자리 잡고 있던 곳에서는 비파형 동검이라고도 부르는 요령식 청동 검과 세형동검이 나왔다. 요령식 청동검은 청동기 시대에 쓰던 것이고, 세형동검은 철기 시대에 쓰던 것이므로 부여가 청동기 시대와 철기 시대를 거쳐서 발전한 나라라는 것을 알 수 있다.

부여는 6백년이 넘도록 한반도 북쪽에 자리 잡고 있었으나 역사책에 자세히 기록되어 있지 않다. 그래서 몇 가지 역사 기록만으로 부여가 어떤 나라였는지 미루어 짐작해 볼 수밖에 없다.

《사기》에는 연나라 북쪽에 부여가 있었다고 되어 있다. 그러므로 기원전 221년 무렵에 이미 부여가 있었다는 것을 알 수 있다.

《삼국지》 위서 동이전에는

> '동이 땅 가운데에서 가장 좋은 곳으로 농사가 잘 되고 좋은 말과 붉은 옥, 담비 같은 것이 난다. 큰 구슬은 대추만하다. 통나무를 둘러 세워서 성을 쌓았고, 궁과 창고, 감옥 같은 것을 지었다. 몸집이 크고 씩씩하고 용맹스러우며 부지런하고 어질어서 물건을 빼앗거나 도둑질을 하지 않는다. 활과 화살, 창이나 칼을 무기로 쓰며, 마가, 우가, 구가, 저가처럼 가축 이름으로 벼슬을 짓는다.'

라고 되어 있다.

지금도 하는 윷놀이는 부여 관직인 도(돼지), 개(개), 윷(소), 모(말)와 임금인 걸(양)을 뜻하는 것이다.

중국 전한 시대에는 황제나 제후가 죽으면 옥 조각에 구멍을 뚫어서 금실로 엮은 옷을 입혀서 묻었는데, 이 옷을 '옥갑'이라고 했다. 비싼 옥으로 옷을 지어야 하니까 후한 시대에는 황제가 아니면 아무도 옥갑으로 장례를 치르지 못하게 했다. 그런데 이 옥갑을 미리 만들어 부여에서 가까운 현도군에 보관하고 있다가 부여 왕이 죽으면 즉시 보냈다는 기록이 《삼국지》에 남아 있다. 이것은 한나라와 부여가 좋은 관계를 유지하려고 서로 노력했다는 것을 알 수 있는 증거이다.

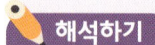 **해석하기** 부여에 대한 역사 기록이 많지 않은 까닭은 무엇인가요?

# 역사 토론

📍 임금이 없어도 나라인가?

토론 내용 옥저와 동예에는 임금이 없었고, 둘레 나라가 다스렸다. 삼한도 한 임금이 다스리는 나라가 아니라 마을별로 다스렸다.

 토론 1. 임금이 없어도 나라다.

옥저와 동예, 이렇게 나라 이름이 있다. 나라가 아니라면 나라 이름이 있을 리가 없다. 임금이라고 하지 않더라도 지배자가 있었기 때문에 나라다.

 토론 2. 임금이 없으니 나라가 아니다.

옥저와 동예는 고조선과 현도군, 낙랑군이 다스리다가 고구려가 다스렸다. 자기 영토로 만든 것이 아니라 마을 우두머리를 시켜서 다스리는 방법을 썼다고 한다. 다른 나라가 다스렸으니 당연히 옥저와 동예는 나라가 아니다. 삼한도 나라 이름이라기보다는 부족들끼리 모인 것, 연맹체를 부르는 이름이기 때문에 정식 나라라고 할 수 없다.

 토론 3. 그래도 나라다.

옥저와 동예에 임금이 없다고 했지만 마을 우두머리는 있었다고 했다. 삼한도 소국으로 이루어져서 각각 다스리는 우두머리가 있었다고 한다. 작은 마을이 모여서 큰 마을이 되었고, 옥저와 동예, 마한, 진한, 변한이라는 나라 이름도 만들어진 것이니까 나라라고 해야 한다.

 토론 4. 아무리 그래도 나라가 아니다.

나라가 되려면 영토와 국민, 그리고 주권이 있어야 한다. 주권은 스스로 나라를 다스리는 정부를 말한다. 옥저와 동예는 다른 나라가 다스렸으므로 주권(정부)이 없었다. 그러므로 나라라고 해서는 안 된다.

토론하기 꼭 임금이 있어야 나라인가요? 자기 생각을 밝히고, 그 까닭을 쓰세요.

학습 내용 | 정해진 답은 없습니다. 자기 생각을 자유롭게 쓰세요.

우리나라는 다른 나라 도움을 받아 가난을 극복했고, 이제는 가난한 나라를 돕기도 합니다.

우리나라는 일본 제국주의에 점령당한 36년 동안 수탈을 당했고, 한국 전쟁으로 폐허가 되어버려 헐 벗고 굶주리던 나라였다. 지하자원도 별로 없어서 가난을 면하기 어려웠으나 기술도 잘 배우고 부지런히 일했다. 좋은 상품을 열심히 만들어 수출한 덕분에 세계에서 몇 손가락 안에 드는 경제 대국이 되었다.

지금은 다른 나라에 공장을 세우고 물건을 만든 다음, 그 나라를 비롯한 둘레 나라에 팔아서 번 돈을 우리나라로 가져오기도 한다.

지하자원을 캐내는 기술이 없는 나라에 기술자들을 보내고 돈을 들여서 자원을 캔 다음, 팔아서 얻은 이익을 그 나라와 나누기도 하고 우리나라로 가지고 오기도 한다.

생각열기 **1.** 우리나라 사람이 다른 나라에 공장을 세우면 그 나라 사람은 어떤 점이 좋고 어떤 점이 안 좋을까요?

2. 우리나라 사람이 다른 나라에서 지하자원을 캐오면 그 나라 사람은 어떤 점이 좋고 어떤 점이 안 좋을까요?

04 고구려와 백제 건국

역사 연대기
기원전 37년 | 주몽이 고구려를 건국함
기원전 18년 | 온조가 백제를 건국함
기원전 3년 | 유리왕이 도읍을 국내성으로 옮김

학습 목표
❶ 고구려 건국 신화를 알 수 있다.
❷ 백제 건국 설화를 알 수 있다.
❸ 하남 위례성 위치를 알아 볼 수 있다.
❹ 고구려에서 비롯된 전통을 알 수 있다.

교과 연계

초등사회 5-2 　1. 우리 역사의 시작과 발전
　　　　　　　　　3) 고구려, 백제, 신라의 건국과 발전

중등역사 1(비상)　2. 삼국의 성립과 발전
　　　　　　　　　1) 삼국의 성립

중등역사 1(미래엔)　2. 삼국의 성립과 발전
　　　　　　　　　1) 고구려의 성장과 영토 확장
　　　　　　　　　2. 삼국의 성립과 발전
　　　　　　　　　2) 백제의 성장과 대외 활동

중등역사 1(천재)　2. 삼국의 성립과 발전
　　　　　　　　　1) 삼국 및 가야의 성장과 발전

▲ 오녀산성

▲ 몽촌 토성

역사 탐구

탐구 1. 알에서 태어난 주몽, 고구려를 세우다

동부여 금와왕이 사냥을 하다가 유화를 발견했다. 유화는 아버지(하백) 허락도 없이 해모수와 혼인을 했으나, 해모수가 사라져 버리자 아버지로부터 버림을 받았다고 했다. 금와왕은 유화를 궁궐로 데려와 보살펴 주었다. 그러던 어느 날 유화의 방에 햇빛이 비치고 커다란 알을 낳았다. 금와왕은 해괴한 일이라고 생각해 알을 내다 버렸다. 그러나 모든 동물이 알을 피해 다녔으며, 오히려 입김을 불고 품어 주었다. 금와왕이 알을 깨뜨리려고 도끼로 내려쳤으나 깨지지 않았다. 금와왕은 알을 다시 유화에게 돌려주었고, 그 알에서 사내아이가 태어났다. 잘생기고 영리했으며, 체격도 좋았다. 활을 아주 잘 쏘아서 사람들이 '주몽'이라고 불렀다.

> **주몽(朱蒙)** 주몽은 한자 발음이기 때문에 '광개토 대왕릉비'에 추모(鄒牟)라고 기록되어 있으므로 '추모'라 하는 것이 옳다는 견해도 있다.

금와왕 아들인 왕자들은 주몽을 시기하고 질투했다. 금와왕 맏아들인 대소 태자가 죽이려하자 주몽은 부여를 떠나기로 결심했다.

주몽은 임신한 아내에게 "일곱 모가 난 돌 위, 나무 아래에 부러진 칼 한 쪽을 둘 것이니 아들을 낳거든 찾아서 나에게 오라고 하시오."라고 했다. 그리고 오이, 마리, 협보와 함께 동남쪽으로 도망갔다. 대소 태자가 이끄는 군사가 뒤쫓아 왔지만 비류수 강을 건널 배가 없었다. 주몽이 하늘을 향해 "나는 천제의 손자요, 하백의 외손자다."라고 외치자 자라와 물고기가 떠올라 다리를 만들어 주었다. 무사히 강을 건넌 주몽은 졸본 부여에 도착했다.

졸본 부여 왕 연타발은 주몽이 뛰어난 사람임을 알아보고 딸 소서노와 결혼시켜 자기 뒤를 이어 왕이 되게 했다. 왕 위에 오른 주몽은 둘레 부족을 모아 고구려를 세웠다. 이때가 스물 두 살이었으며, 성씨를 '고'라고 지어 '고주몽'이 되었다.

> **탐구하기**
> 1. 부여에서 활을 잘 쏘는 사람을 뭐라고 불렀나요?
>
> 2. 주몽이 부여를 떠나게 된 까닭은 무엇인가요?

탐구2 - 백제 건국 설화

　백제 건국 이야기는 신화가 아니라 설화이다. 고조선, 고구려나 신라, 가야 같은 나라는 건국 이야기에 알이나 닭, 용 등을 통해 신이 아들이나 사람을 내려 보내 나라를 세우도록 도왔다고 한다. 그러나 백제는 신이 등장하지 않는다. 고구려에서 남쪽으로 내려간 무리가 원래 살던 무리와 힘을 합쳐서 나라를 세운 이야기이다. 그래서 신이 등장하는 이야기인 신화가 아니라 사람 이야기인 설화이다.

　동부여에서 온 주몽이 소서노와 결혼한 후 고구려를 세웠다. 소서노와 주몽 사이에는 비류와 온조가 있었다. 비류와 온조는 주몽을 이어 왕이 될 것이라고 믿고 있었으나 동부여에서 주몽 아들인 유리가 찾아왔다. 주몽이 유리를 태자로 삼자 비류와 온조는 위협을 느끼게 되었다. 그러자 소서노가 고구려를 떠나자고 했다. 비류와 온조는 오간, 마려를 비롯한 신하 10여 명과 따르는 무리를 이끌고 남쪽으로 내려갔다.

　아리수에 이르자 신하 열 명이 "이곳 하남 땅만이 북쪽으로는 한수가 흐르고, 동쪽으로는 높은 산이 있으며, 남쪽으로는 비옥한 들이 보이고, 서쪽은 큰 바다로 막혀 있습니다. 이곳에 도읍을 정하는 것이 좋지 않겠습니까?"라고 했다.

　하남 땅은 넓은 들판에서 농사를 지어 배불리 먹고 살 수 있고 한강을 통한 뱃길로 사람과 물건이 쉽게 오갈 수 있는 곳이었다. 또 높은 산이 있어서 쳐들어오는 적을 막기도 편했다. 온조는 위례성에 도읍을 정하고 나라를 세웠다. 신하가 열 명인 나라라고 해서 이름을 십제(十濟)라고 했다.

　그러나 비류는 자기를 따르는 무리를 이끌고 미추홀(인천)로 갔다. 미추홀은 소금을 구하기 쉽고 바다로 나가기도 편한 곳이었다. 하지만 미추홀은 습기가 많아서 농사를 짓기 어려웠고 물에 소금기가 많아서 마실 수도 없었다. 비류가 후회하다가 죽자 따르던 백성이 위례성으로 왔다. 온조는 모두 받아들인 다음 커진 나라에 맞게 이름을 백제로 고쳤다.

 **1.** 온조가 나라를 세우고 도읍으로 정한 곳은 어디인가요?

2. 백제 건국 이야기가 다른 나라 건국 신화와 다른 점은 무엇인가요?

역사 탐구

탐구 3 - 한성 시대 왕성

7백여 년을 이어온 백제는 온조왕에서 21대 개로왕에 이르는 5백년 동안 도읍이었던 곳이 한성이다. 그러나 한성 시대에 왕성과 왕궁이 정확히 어디였는지에 대해서는 밝혀진 것이 많지 않다. 한강 유역을 차지하기 위해 고구려, 백제, 신라가 치열한 전투를 벌이느라 유물과 유적이 파괴되었기 때문이며, 왕성을 자주 옮겼기 때문이기도 하다. 《삼국사기》에는 백제 왕성에 대한 기록이 나온다.

첫 번째, 온조가 하남 위례성을 도읍으로 정하고 나라를 세웠다.

두 번째, 기원전 5년에 한강 서북쪽에 성을 쌓고 한성에 있는 백성을 나누어 살게 했다.

세 번째, 371년 근초고왕이 즉위 26년 만에 고구려를 공격하여 평양성을 탈환하면서 고국원왕을 전사시키고 도읍을 한산으로 옮겼다.

네 번째, 고구려 장수왕이 침입해 개로왕을 죽이고 위례성을 빼앗았다.

- **욱리하** 백제가 한강을 일컫는 말. 고구려는 아리수라고 했다.
- **사성(蛇城)** 배암드리를 한자어로 옮긴 것. 이것이 바람드리로 변하여 현재 풍납동이라는 이름으로 불리기도 한다.
- **숭산** 송악산. 황해북도 개성시와 개풍군 경계에 있는 산

《삼국사기》 개로왕조에는 위례성을 크게 수리한 기록이 있다.

> 고구려 장수왕이 백제를 치기 위해 첩자를 이용했는데, 첩자였던 도림이 개로왕에게 말했다.
> "대왕이 다스리는 나라는 사방이 모두 산, 언덕, 강, 바다이니 이는 하늘이 만든 요새이지 사람 힘으로 된 지형이 아닙니다. …… 그러나 성곽은 초라하고 궁실은 수리되지 않았습니다. 또 임금들 무덤이 제대로 만들어져 있지 않고 백성들 집은 홍수가 날 때마다 허물어집니다. 이는 대왕이 취할 바가 아니라고 저는 생각합니다."
> 이에 개로왕이 백성들을 동원하여 흙을 구워 성을 쌓고, 그 안에는 궁실, 누각을 지으니 웅장하고 화려하지 않은 것이 없었다. 또한 **욱리하**에서 큰 돌을 캐다가 관을 만들어 임금들 무덤을 만들었다. 또 **사성** 동쪽부터 **숭산** 북쪽까지 강을 따라 둑을 쌓았다. 이로 말미암아 창고가 텅 비고 백성들이 곤궁해져서 나라는 위기를 맞게 되었다.

이처럼 기록은 있지만 정확히 어디인지는 아직까지 알지 못하고 있다.

 **탐구하기** 고구려와 백제는 한강을 각각 어떻게 불렀나요?

역사 해석

해석 1 - 오늘날까지 전해지는 고구려 풍습과 문화

고구려는 멸망하고 없어졌지만 고구려가 남긴 풍습과 문화는 지금까지 전해지고 있다.

'ㄱ자' 형 쪽구들, 아궁이, 굴뚝 문화 원조는 고구려이다.

《구당서》에서는 '고구려는 겨울철에 모두 구덩이를 길게 파서 밑에다 숯불을 지펴 방을 데운다.'고 했다. 추운 지역인 고구려는 겨울철 난방 문제가 중요했기 때문에 온돌을 만들어 추위를 막았다. 쪽구들은 방 전체에 구들을 놓는 것이 아니라 잠을 잘 수 있는 공간만 온돌로 꾸미는 것으로 아궁이는 실내에, 굴뚝은 밖에 두었다. 굴뚝으로 연기를 밖으로 빼내는 지혜로 실내는 쾌적했다. 쪽구들은 불길이 지나는 통로를 여러 갈래 줄로 만들어 방바닥을 덥혔고, 오늘날까지 일반적인 난방 시설로 발전되어 사용되고 있다.

'장가간다'는 결혼 풍습은 고구려에서 나왔다.

'장가가다'라는 말은 남자가 혼인을 한다는 뜻이다. 말 그대로 남자가 장가(丈家: 장인, 장모 집)에 들어간다는 뜻이다. 고구려 시대에는 결혼을 하게 되면 남자가 신부 집에서 일을 해 주고 첫 아이가 태어나 자라면 비로소 독립해 나가도록 했다. 그래서 신부 집에서는 사위를 맞기 위해 집을 새로 지어 사위와 딸이 살도록 했는데, 이 집을 '사위집', '서옥(婿屋)'이라고 했고 사위를 '서방'이라고 불렀다. 이러한 제도를 서옥제라고 한다.

고구려 사람들도 돼지를 제물로 썼다.

우리나라 신화에 등장하는 돼지는 신통이 있는 동물, 제사 때 희생물, 상서로운 동물로 여겨져 재산이나 복을 상징한다. 《삼국사기》 유리왕조에 보면 제사에 쓸 돼지가 도망하여 쫓아가 이른 곳이 국내성이었는데, 이곳을 하늘에서 정해준 곳이라 여기고 수도를 옮겼다. 이렇듯 하늘과 땅에 제사를 지낼 때 쓰는 돼지가 때로는 신성한 존재가 되기도 한다. 오늘날에도 집에서 지내는 고사나 개업 같은 행사 때 돼지머리를 가장 중요한 제물로 여긴다.

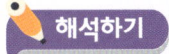 **해석하기** 오늘날까지 전해지는 고구려 풍습과 문화에는 무엇이 있나요?

해석 2 - 고구려 동명성왕과 부여 동명성왕은 동일 인물일까?

우리나라 역사책인 《삼국사기》에는 고구려를 세운 사람은 부여에서 졸본으로 온 주몽이며, 성을 고씨로 정한 동명성왕이라고 되어 있다. 그런데 중국 역사책에는 부여를 건국한 임금을 동명성왕이라고 한 것들이 많다.

그 가운데 가장 먼저 쓴 《논형》에는 다음과 같은 기록이 있다.

> 북쪽 이민족 땅에 있는 탁리국에 왕을 모시는 여자 시종이 임신을 하자 왕이 아닌 남자와 정을 통했다며 죽이려고 했다. 그러자 여자 시종은 다른 남자랑 정을 통한 것이 아니라 알 같은 큰 기운이 하늘에서 내려와 임신하게 되었다고 했다.
>
> 왕이 시종을 죽이지는 못했으나 시종이 아들을 낳자 자기 자식이 아니라며 돼지 우리에 버렸다. 그러나 돼지가 입으로 숨을 불어 따뜻하게 해 주었다. 말에 밟혀 죽게 하려고 마구간에 버렸으나 말들도 밟지 않고 역시 입으로 숨을 불어넣어 죽지 않게 해주었다.
>
> 왕은 하늘 신이 내린 자식이라 여겨 아이 어머니에게 노비로 거두어 기르게 했다. 이름을 '동명'이라 부르고, 말을 치우게 했다. 동명이 활 솜씨가 뛰어나자 왕은 나라를 빼앗길까봐 죽이려고 했다.
>
> 동명이 무리를 이끌고 남쪽으로 도망가다가 엄체수에서 활로 물을 치자 물고기와 자라가 떠올라 다리를 만들어 주었고, 동명이 건너자 흩어져 버렸다. 동명은 부여에 도읍을 정하고 왕이 되었다.

주몽과 동명 이야기는 고구려와 부여 건국 이야기지만 '태어나자마자 버렸으나 짐승이 보호했으며, 활을 잘 쏘았고, 말을 길렀다. 죽음을 피해 도망치다가 강에서 자라와 물고기가 놓아준 다리를 건넜다.'는 공통점이 있다.

동부여에서 나온 일부 세력이 고구려를 건국했다. 두 나라가 건국 신화가 비슷한 것은 부여 건국 신화가 고구려 건국 신화에 전승된 것으로 고구려 기원이 부여라는 것을 잘 보여 주는 것이다.

해석하기 고구려 동명성왕과 부여 동명성왕은 동일 인물일까요?

역사 토론

📍 하남 위례성은 어디일까?

토론 내용 김부식이 《삼국사기》를 집필한 고려 시대에도 하남 위례성이 어딘지는 정확히 알지 못했다. 오랫동안 '하남 위례성'이 어디인지를 놓고 논란이 되고 있다.

 토론 1. 몽촌 토성이다.

성 전체 길이가 2.3Km나 되는 큰 성이다. 중국 도자기 조각, 철제 유물과 뼈 갑옷, 토기와 전돌, 초석을 비롯한 그물추, 가락바퀴, 돌절구, 말편자, 도끼, 가위 같은 유물이 발견되었다. 토성 주변에 흐르는 성내천 물길을 이용한 해자와 연화문수막새처럼 높은 건물에 올렸던 기와가 나온 것으로 보아 몽촌 토성에 왕과 신하가 살았다는 것을 알 수 있다.

 토론 2. 이성산성이다.

하남시 춘궁동은 '옛 고을' 또는 '옛 도읍'이라는 이름이 아직도 남아 있으며, 땅 모양도 남한산과 검단산을 감싸 안고 있어서 도읍지일 가능성이 높은 곳이다. 또 큰 주춧돌이 남아 있는 것으로 보아 대형 건물터가 있었음을 알 수 있다.

 토론 3. 풍납동 토성이다.

1997년 아파트 공사 현장에서 모두 5백 상자나 되는 백제 유물이 발견되었다. 기와막새와 전돌, 가마터, 왕성 물품을 만들던 공방과 집터, 동벽 밖 우물 흔적은 성 안과 밖에 사람이 살았다는 것을 짐작할 수 있다. 개로왕 때인 475년에 고구려군이 공격해 들어와 화공 작전으로 왕성이 무너졌다는 기록이 있는데, 그때 불에 타 주저앉은 커다란 건물 기둥과 전돌이 토성 바닥에서 발견되었다. 또 성벽을 해자로 두른 것을 보아 지켜야 할 것이 많은 중요한 왕성이었다는 것을 알 수 있다.

토론하기 하남 위례성은 어디일까요? 자기 생각을 밝히고, 그 까닭을 쓰세요.

역사에 비추어 보는 오늘

학습 내용 | 정해진 답은 없습니다. 자기 생각을 자유롭게 쓰세요.

◐ 문화재청과 서울시가 풍납동 토성 복원 계획을 세워 진행하고 있지만, 유적지 개발과 복원에 대해 생각해 봅시다.

개발해야 할까? 복원해야 할까?

풍납동 토성을 원래 백제 시대 성으로 복원하자는 쪽과 도시로 개발하자는 쪽이 서로 맞서고 있다. 개발로 이익을 보고 싶은 쪽은 '이곳은 한강을 따라 쌓아 놓은 제방 시설에 불과하므로 문화재 가치가 없다.'고 주장하고, 복원하자는 쪽은 '잃어버린 백제 역사를 찾는 중요한 가치가 있는 곳이다.'라고 주장한다.

개발이 되면 집값이 오를 것으로 생각했던 사람들은 문화재 복원 지역으로 확정되면 재산권 행사를 할 수 없게 되어 손해를 본다고 생각한다. 반대로 복원하는 사람들은 개발이 되면 매장되어 있는 백제 시대 유물과 유적이 사라져 버린다고 생각한다.

생각열기

1. 풍납동 토성을 도시로 개발하자는 쪽이 주장하는 것은 무엇인가요?

2. 풍납동 토성을 옛 모습대로 복원하자는 쪽이 주장하는 것은 무엇인가요?

3. 풍납동 토성을 개발해야 할까요? 복원해야 할까요?

05 신라와 가야 건국

역사 연대기
- 기원전 57년 | 박혁거세가 신라를 건국함
- 신라 32년 | 6부 이름을 고치고 17관등제를 실시함
- 신라 42년 | 수로왕이 금관가야를 세움
- 신라 48년 | 수로왕이 아유타국 공주 허황옥을 왕비로 맞이함

학습 목표
1. 신라 건국 신화를 알 수 있다.
2. 왕권 강화 과정을 알 수 있다.
3. 가야 건국 신화를 알 수 있다.
4. 가야 성장과 발전, 멸망 과정을 알 수 있다.

교과 연계
- 초등사회 5-2 → **1. 우리 역사의 시작과 발전**
  3) 고구려, 백제, 신라의 건국과 발전
- 중등역사 1(비상) → **2. 삼국의 성립과 발전**
  2) 삼국의 발전과 가야
- 중등역사 1(미래엔) → **2. 삼국의 성립과 발전**
  3) 신라의 발전과 가야
- 중등역사 1(천재) → **2. 삼국의 성립과 발전**
  1) 삼국 및 가야의 성장과 발전

▲ **경주 계림** 경주 김씨 시조 김알지가 태어난 곳이라는 전설이 있는 곳

▲ **구지봉** 경상남도 김해시 구산동에 있는 가야 건국 설화를 간직한 산

역사 탐구

탐구 1. 신라 건국 신화

💡 박혁거세, 나라를 밝게 비추다.

서라벌, 여섯 마을이 촌장을 중심으로 평화롭게 살고 있었다. 어느 날 여섯 마을을 대표하는 사람을 뽑는 회의를 하는데, 양산촌 '나정'이란 우물가에서 찬란한 빛이 비췄다. 양산촌 촌장 소벌공이 가 보니, 흰말 한 필이 무릎을 꿇고 울다 하늘로 올라갔다. 그 자리엔 큰 알이 한 개 놓여 있었다. 손을 대자 깨지며 잘생긴 사내아이가 나왔고, 아이를 깨끗이 씻기자 몸에서 광채가 났다. 고허촌장 소벌도리가 아이를 데려가 길렀다. 박처럼 큰 알에서 나왔다 하여 성은 박(朴), 이름은 나라를 밝게 비춘다는 뜻으로 '혁거세(赫居世)'라 했다.

이즈음 사량리 '알영정'이라는 우물가에 용이 나타났다. 용은 오른쪽 겨드랑이 갈비뼈 밑으로 여자 아이를 낳았다. 태어날 때 입술이 닭 부리와 같았다. 목욕을 시키자 부리가 빠졌다. 우물 이름을 따서 '알영'이라고 불렀다.

그 후 6부 촌장은 나라 이름을 '서라벌'이라 하고, 임금을 '거서간'(왕 또는 귀인이라는 뜻)이라 불렀다. 왕이 된 박혁거세는 알영을 왕비로 맞이했다. 이때 박혁거세 나이 열세 살, 기원전 57년이었다.

💡 석탈해, 궤에서 벗어나다.

옛날 평화로운 '용성국'에 함달파라는 왕이 있었다. 왕비가 임신을 하여 열 달 뒤에 커다란 알을 낳았다. 함달파왕은 좋지 못한 일이라며 알을 버리라고 했다. 왕비는 일곱 가지 보물과 노예들을 커다란 궤에 넣은 뒤, 배에 실어 보냈다. 그때 어디선가 붉은 용이 나타나 배를 호위했다. 배는 아진포(경북 영일) 앞바다에 이르렀다. '아진의선'이라는 할머니가 조개를 캐다가 요란한 까치 울음을 듣고 바라보니 바다 가운데 배 한 척이 떠있었다. 할머니가 배를 타고 가까이 가보니, 길이가 스무 자쯤 되고 폭이 열석 자쯤 되는 궤가 있었다. 할머니가 궤를 열자 그 안에서 한 줄기 빛이 퍼졌다. 그 속에 키가 석 자에 머리둘레는 한 자나 되는 잘생긴 사내아이가 단정하게 앉아 있고, 일곱 가지 보물과 노예들이 있었다. 할머니는 아이와 노예들을 데리고 집으로 갔다.

할머니 집에서 머물던 사내아이는 칠일이 지나자, 자신은 용성국 왕자로 가락국을 거쳐 이곳으로 오게 되었다고 했다. 할머니는 까치 소리를 듣고 발견한 아이라고 해서 까치 작(鵲)에서 떼어낸 석(昔)으로 성을 삼았다. 이름은 궤에서 벗었다는 뜻으로 '벗어날 탈(脫)'자와 궤 속에서 풀려났다는 뜻으로 '풀 해(解)'자를 붙여서 '탈해'라 했다.

김알지, 금궤에서 나오다.

탈해왕 9년, 호공이 늦은 밤 반월성 서쪽 마을 옆 시림(始林) 숲을 지날 때였다. 갑자기 닭 울음소리가 들리고 시림 숲 위로 구름이 길게 드리워져 있었다. 호공이 달려가 보니 황금빛 궤 하나가 나뭇가지에 걸려 눈부시게 빛났다. 나무 밑에는 흰 닭 한 마리가 울고 있었다.

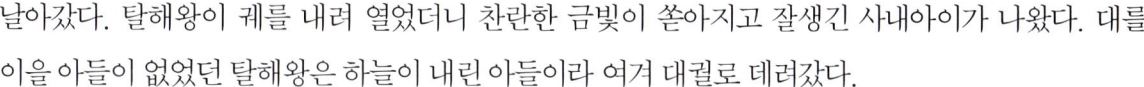

호공은 대궐로 돌아가 탈해왕에게 이를 알리고 왕과 함께 시림으로 갔다. 왕은 숲속으로 길게 뻗쳐있는 자줏빛 구름을 보고 나라에 경사가 났음을 알았다. 탈해왕이 가까이 가자 흰 닭은 다시 한 번 목을 길게 빼어 운 다음 하늘로 날아갔다. 탈해왕이 궤를 내려 열었더니 찬란한 금빛이 쏟아지고 잘생긴 사내아이가 나왔다. 대를 이을 아들이 없었던 탈해왕은 하늘이 내린 아들이라 여겨 대궐로 데려갔다.

탈해왕은 '아기'란 뜻에서 아이 이름을 '알지'라고 부르고 성은 황금빛 궤에서 나왔다고 하여 '김(金)'이라 했다. 이때부터 시림을 '계림(鷄林)'으로 바꾸고 나라 이름도 계림이라 불렀다. 김알지는 오늘날 경주 김씨 시조이다.

탐구하기

1. 고허촌장 소벌도리는 데리고 온 아이에게 성과 이름을 어떻게 지어주었나요?

2. 석탈해를 궤에 넣은 배가 아진포 앞바다에 이르렀을 때 할머니는 어떤 동물 울음소리를 들었나요?

3. 알지는 왜 '김(金)'씨가 되었나요?

역사 탐구

탐구 2 - 가야 건국과 성장 그리고 멸망

서기 42년, 가야에는 왕이 없고 아도·여도·피도·오도·유수·유천·신천·오천·신귀 등 '간'이라 불리는 우두머리 아홉 명이 있었다. 어느 날 구지봉 위 하늘에서 누군가를 부르는 소리가 들렸다. 9간을 비롯하여 수백 명이 구지봉으로 뛰어 올라갔다. "여기 사람이 있느냐?"라는 소리가 들리자, 9간과 사람들이 "우리가 여기 와 있습니다."라고 대답했다. 그러자 하늘에서 이렇게 말했다.

> "하늘이 내게 이곳에 나라를 세우고 임금이 되라 하셨다. 너희는 흙을 파면서 '거북아 거북아 머리를 내밀어라. 만약에 내밀지 않으면 구워 먹으리라.'라고 노래하며 춤추어라."

사람들이 그렇게 하자 하늘에서 붉은 보자기에 싸인 상자가 내려왔다. 상자를 열어보니 둥근 황금 알이 여섯 개 들어 있었다. 알은 사내아이 여섯 명으로 변했다. 처음 나온 아이를 수로(首露)라고 불렀고 금관가야 왕이 되었다. 나머지 다섯 명도 다른 가야 왕이 되었다.

수로왕은 인도 아유타국 공주인 허황옥을 왕후로 맞이했다. 왕자 열 명을 낳았고 첫째가 왕위를 이었다. 두 명은 어머니 성을 따라 김해 허씨가 되었고, 나머지 아들은 김해 김씨가 되었다.

여섯 가야는 김해에 있던 금관가야를 중심으로 연맹 왕국으로 발전했다. 가야는 기름진 평야가 있었고 철이 풍부했다. 또 낙동강 하구로 이어진 바다를 통해 왜와 낙랑에 철을 수출했다. 금관가야는 중국과 왜를 연결하는 중계 무역을 하며 신라와도 맞설 만큼 해상 강국으로 성장했다.

4세기 말 왜구가 신라에 침입하자 신라 내물왕이 고구려에 도움을 청했다. 광개토 대왕은 군사 5만을 보내 왜구를 몰아내고 금관가야까지 공격했다. 금관가야가 힘을 잃자, 가야 소국들은 경남 고령에 있던 대가야를 중심으로 새 연맹을 맺었다. 이를 후기 가야 연맹이라 하고 금관가야가 이끌었던 시기를 전기 가야 연맹이라고 한다. 6세기 무렵 신라는 영토 확장에 나섰다. 법흥왕이 금관가야를, 진흥왕이 대가야를 정복하자, 가야 여러 나라는 신라 땅이 되었다. 가야 연맹은 모두 사라졌지만 가야 문화는 신라와 일본 문화 발전에 큰 영향을 주었다. 가야금을 만든 우륵과 가야 음악은 신라 음악을 발전시켰고, 토기 제작 기술은 일본 스에키 토기에 영향을 주었다. 또 가야 왕족은 신라 귀족이 되어 삼국 통일에 큰 역할을 했다.

탐구하기 전기 가야 연맹과 후기 가야 연맹의 중심이 되는 나라 이름은 각각 무엇인가요?

• 전기 가야 연맹: • 후기 가야 연맹:

해석 1. 건국 신화에는 특별한 이야기가 있다

건국 신화는 나라를 세운 배경과 왕권을 신성시하는 내용을 담고 있다. 하늘이 내려 준 특별한 사람이라는 '선민사상', 알에서 태어났다는 '난생 신화', 그리고 하늘과 땅을 이어주는 상징 동물들이 등장한다.

고구려, 신라, 가야 건국 신화에는 모두 하늘이 내려준 신성한 왕이 시조로 등장한다. 주몽은 하늘에서 내려 온 해모수와 물을 다스리는 신 하백 딸 유화 사이에서 태어났다. 그리고 박혁거세와 김수로는 하늘에서 내려온 알에서 태어났다. 신화는 왕을 하늘이 내린 특별한 사람이며, 신과 같은 능력을 가졌으므로 백성을 다스리는 위대한 사람이라는 점을 알리려는 이야기다.

난생 신화는 동남아시아에 널리 퍼져 있다. 알이 황금색이며 둥글다는 것은 태양 숭배 문화를 담고 있다. 태양이 도는 것에 따라 절기가 생기고 그 절기는 농사지을 때를 정하는 것이니, 태양 숭배 문화는 농경 사상이 담긴 것이다.

고구려를 세운 주몽은 부여 왕자들에게 쫓길 때 물고기와 자라가 다리를 만들어 구해 주었다. 또 혁거세는 말이 울던 자리에 놓여 있던 알에서 태어났고, 석탈해는 까치, 김알지는 닭이 탄생을 알렸다. 김수로 탄생에는 거북이가 등장한다. 이렇게 등장한 동물들은 하늘과 땅을 연결해주는 역할을 하고 왕이 신성하다는 것을 강조한다.

김수로왕 신화에서처럼 알이 든 상자가 붉은 보자기에 싸인 채 하늘에서 내려왔다는 이야기는 새로운 무리가 이동해 왔다는 것을 의미한다. 수로왕 무리가 원주민에 비해 앞선 문화를 가지고 이동해 와서 지배자가 되었다는 것을 뜻한다.

해석하기 건국 신화에 나타나는 공통점은 무엇인가요?

역사 해석

해석 2 - 지배자 명칭 변화에 따른 신라 발전

신라는 부족 국가에서 출발해 중앙 집권 국가로 성장했다. 그래서 처음부터 지배자를 '왕'이라 부르지 못하고 여러 임금을 거쳐서야 왕이라고 불렸다. 이 과정을 통해 신라를 다스린 임금이 지배자로서 권한이 점점 강해졌다는 것을 알 수 있다.

첫 지배자인 박혁거세는 신령한 제사장을 뜻하는 '거서간'이라 불렸고, 2대 남해는 '무당'을 뜻하는 '차차웅'이라 불렸다. 이때까지 지배자는 제사를 지내면서 하늘로부터 뜻을 받아 사람들에게 알려주고 사람들 소원을 하늘에 전해주는 전달자로 생각했다. 3대 유리부터는 나이 많은 사람을 뜻하는 '이사금'이라 불렸다. 나이가 많다는 것은 그만큼 지혜롭고 다스리는 능력이 뛰어날 것이라고 생각했기 때문이다. 유리이사금 다음부터는 박(朴), 석(昔), 김(金), 이렇게 세 성이 번갈아 지배자가 되었다. 힘이 강력한 지배자가 등장하지 않아서 부족 연맹체끼리 임금 자리를 이어가는 방식이었다.

4세기 중엽이 되면서 진한 땅에 흩어져 있던 작은 나라를 정복해 영토를 넓혔고, 중앙 집권 국가로서 기틀을 마련하기 시작했다. 17대 내물부터는 으뜸가는 지배자라는 뜻으로 임금을 '마립간'이라 부르고 마립간 자리를 김씨가 독점했다. 김씨가 강력한 힘으로 석씨와 박씨를 눌렀다는 뜻이다. 그만큼 지배자가 강해졌다는 것을 보여 준다. 눌지마립간 때부터는 왕위를 아들에게 물려주는 부자(父子) 상속 제도가 자리 잡으면서 왕권이 더욱 안정되었다.

6세기 초 지증왕에 이르러서야 나라 이름을 '신라'로 정하고, 지배자도 마립간이 아니라 '왕(王)'이라 불렸다. 이렇게 신라는 지배자 힘이 커짐에 따라 명칭도 달라졌다. 왕이라는 호칭이 사용되면서 신라에서는 여러 가지 변화가 나타났다. 죽은 주인과 함께 부인과 신하, 군사와 노예를 비롯한 많은 사람들을 함께 묻는 '순장'을 금지했다. 또 농업 생산력을 높이기 위해 소가 끄는 쟁기로 논밭을 가는 '우경(牛耕)'을 널리 실시했고, 지방 행정 구역을 주(州)와 군(郡)으로 나누어 다스렸다. 법흥왕 때는 병부 등 주요 관청을 설치했고, 상대등이 대표하는 귀족 회의인 화백 회의를 만들었다. 또 불교를 공인해 국가 종교로 삼아서 백성들 마음을 하나로 모으고 귀족 세력을 눌렀고, 신분 제도인 골품 제도를 마련해 통치 기반을 정비했다. 진흥왕 때부터는 활발한 정복 전쟁을 벌여 한강 하류 지역을 차지했고, 서쪽으로도 진출해 낙동강 둘레 땅 전체를 차지했다.

해석하기 4세기 중엽 이후 신라 왕위 상속에는 어떤 변화가 있었나요?

역사 토론

📍 삼국 시대일까? 사국 시대일까?

토론 내용 6세기까지 한반도에는 고구려, 백제, 신라, 그리고 '가야'라는 나라가 있었다. 그런데도 삼국 시대라고만 한다. 삼국 시대일까? 가야를 포함해 사국 시대일까?

 토론 1. 가야가 포함된 사국 시대이다.

고구려는 기원전 37년에 건국해 서기 668년까지, 백제는 기원전 18년에 건국해 서기 660년까지, 신라는 기원전 57년에 건국했다. 삼국이 한반도에 같이 있던 시기는 기원전 18년부터 660년까지이다. 42년 신라와 백제 사이인 낙동강 하류 근처에 금관가야를 중심으로 6가야가 세워졌다. 그리고 562년 망할 때까지 무려 520년 동안 삼국과 함께했다.

 토론 2. 아니다. 삼국 시대이다.

가야는 중앙 집권 국가로 발전하지 못한 연맹 국가일뿐 정식 국가가 아니다. 그러므로 삼국은 고구려, 백제, 신라뿐이다.

 토론 3. 그래도 가야가 포함된 사국 시대이다.

가야는 엄연히 왕이 있는 국가였다. 부족 연맹체는 가야가 세워지기 전 시대를 말한다. 신라도 지증왕 4년인 508년에야 겨우 '신라'라는 국호를 썼고, 비로소 중앙 집권 국가로 발전했다. 그러므로 고구려, 백제, 신라는 왕이 하나였다는 것뿐이지 가야와 크게 다를 것이 없다.

 토론 4. 아무리 그래도 삼국 시대이다.

한 나라에 왕은 하나일 뿐이다. 가야는 왕이 여럿이었고 고구려, 백제, 신라만큼 강력한 왕권을 세우지 못했다. 그러므로 정식 국가라고 할 수 없다.

토론하기 6세기까지 한반도 역사를 삼국 시대로 보아야 할까요, 사국 시대로 보아야 할까요? 자기 생각을 밝히고, 그 까닭을 쓰세요.

역사에 비추어 보는 오늘

학습 내용 | 정해진 답은 없습니다. 자기 생각을 자유롭게 쓰세요.

○ 허황옥 설화와 문물 교류를 생각해 봅시다.

1. 《삼국유사》에 김수로왕과 허황옥 결혼 이야기가 수록되어 있다.

> 가야 땅 김해 앞바다에 있는 망산도(望山島)에 배 한척이 닿았다. 붉은 깃발을 나부끼는 배에는 아유타국 공주인 허황옥이 타고 있었다. 그리고 비단과 금, 은, 옥 등 장신구들이 있었다.
> "나는 본래 아유타국 공주인데 성은 허(許)씨이고, 이름은 황옥(黃玉)이며 나이는 열여섯입니다. 아버지 꿈에 한 귀인이 나타나 딸이 동쪽 끝 나라에 사는 수로왕과 혼인할 것이라고 해서 찾아왔습니다."
> 허황옥 말을 들은 김수로왕은,
> "나는 하늘에서 내려왔으니 배필도 하늘에서 정해줄 것이라 믿고 혼인하지 않고 기다리고 있었다."
> 라며 반갑게 맞이했다. 허황옥이 입고 온 비단 바지를 벗어 폐백으로 삼아 하늘에 제사지내고 결혼했다. 김수로왕과 허황옥은 아들 열 명을 낳았다.

2. 2015년 5월, 인도 나렌드라 모디 총리가 한국을 방문했다. 총리는 1900년 전 인도 아유타국 공주가 금관가야 시조 김수로왕과 혼인해 황후가 된 역사에 대해 얘기했다. 그리고 한국과 인도 두 나라는 인도 아요디아 지역에 있는 '허황후 기념비' 개선 사업을 공동으로 추진하기로 합의했다. '허황후 기념비'가 건립되면 두 나라가 교류한 대표 상징물이 될 것이다.

생각열기 허황옥 설화는 아유타국에서 온 허황옥이 비단이라는 선진 문물을 가지고 와 김수로왕과 결혼한 이야기입니다. 그동안 교류하지 않았던 새로운 나라와 교류하게 되었을 때 좋은 점과 안 좋은 점은 무엇일까요? 자기 생각을 써 보세요.

06 백제, 강한 나라가 되다

역사 연대기
- 266년 | 고이왕이 율령을 반포함
- 371년 | 근초고왕이 고구려 평양성을 공격함
- 433년 | 백제와 신라가 나제 동맹을 맺음
- 538년 | 성왕이 '사비'로 수도를 옮기고 나라 이름을 '남부여'로 바꿈

학습 목표
1. 백제가 성장하는 모습을 알 수 있다.
2. 백제가 대륙에 진출하는 모습을 알 수 있다.
3. 백제가 중국, 일본과 활발하게 교류하는 모습을 알 수 있다.
4. 뛰어난 백제 토목 기술을 알 수 있다.

교과 연계
- 초등사회 5-2 → **1. 우리 역사의 시작과 발전**
  3) 고구려, 백제, 신라의 건국과 발전
- 중등역사 1(비상) → **2. 삼국의 성립과 발전**
  2) 삼국의 발전과 가야
- 중등역사 1(미래엔) → **2. 삼국의 성립과 발전**
  2) 백제의 성장과 대외 활동
- 중등역사 1(천재) → **2. 삼국의 성립과 발전**
  1) 삼국 및 가야의 성장과 발전

◀ 백제 전성기(4세기)

역사 탐구

탐구 1 - 한성 시대

▲ 서울 석촌동 고분군   근초고왕의 무덤으로 짐작된다.

백제는 3세기 고이왕 때 관등제를 6좌평, 16관등제로 정비하고, 나라를 다스리는 율령을 제정하면서 중앙 집권 국가로서 기반을 마련했다. 또 한강 유역을 통합해 영토를 넓혔고, 조세 제도를 정비해 나라를 튼튼하게 만들었다.

4세기 중엽 근초고왕은 지방에 왕자나 왕족을 보내 다스리게 하는 '담로' 제도를 실시해 왕권을 강화했고, 나라 안을 안정시키면서 활발하게 대외로 진출했다. 남쪽으로는 마한을 모두 합쳐 곡창 지대를 영토로 만들었다. 북쪽으로는 평양성으로 쳐들어가 고구려 고국원왕을 전사시켰다.

또 근초고왕은 중국에 있는 동진뿐만 아니라 왜와도 활발하게 교류했으며, 중국 요서 지방으로 진출했다.

그러나 백제는 고구려가 남쪽으로 내려오기 시작하면서 점점 나라 힘을 잃었다. 아신왕은 광개토 대왕에 패해 한성을 점령당하기도 했다. 고구려 장수왕이 남쪽으로 내려오기 시작하자 비유왕은 신라와 나·제 동맹을 맺어 맞섰다. 그러나 장수왕으로부터 공격을 받아 수도인 한성과 한강 유역을 빼앗겼으며, 이때 개로왕도 고구려군에게 사로잡혀 죽음을 당했다.

탐구하기

1. 백제가 강력한 고대 국가가 될 수 있는 기반을 마련한 왕은 누구인가요?

2. 빈칸에 알맞은 말을 써 넣으세요.

근초고왕은 남쪽으로는 (　　　　)을/를 모두 합쳐 곡창 지대를 영토로 만들었다. 또 중국에 있는 (　　　) 지방으로 진출했다. 북쪽으로는 (　　　　)(으)로 쳐들어가 고구려 고국원왕을 전사시켰다.

탐구 2 - 웅진·사비 시대

백제는 문주왕이 수도를 웅진(공주)으로 옮기고 나라 힘을 키우려 했으나 귀족에게 살해당하는 등 혼란이 계속되었다. 이어 무령왕은 22담로를 지방에 설치하는 등 통치를 강화하고 고구려 수곡성을 공격해 영토를 넓혔다. 또 말갈 침입에 대비하는 한편 중국 양나라와 외교를 펼쳐 나라를 되살리는 기틀을 마련했다. 이를 발판으로 6세기가 되자 백제는 다시 국력이 강해졌다.

무령왕을 이은 성왕은 더 넓은 사비(부여)로 수도를 옮기고 나라 이름도 '남부여'로 바꾸었다. 중앙 관청인 6좌평을 왕이 직접 명령을 내리는 22부로 만들어 귀족 세력을 약화시켰다. 중국에 있는 양나라로부터 문화를 수입하고, 일본에 불교를 전파하면서 둘레 나라들과 활발하게 교류했다. 또 강한 왕권을 바탕으로 고구려 장수왕에게 빼앗긴 한강 유역을 회복하기 위해 나섰다.

▲ 무령왕릉 내부를 밝혀주는 등불

성왕은 신라 진흥왕과 함께 고구려군을 몰아내고 한강 유역을 되찾았다. 그러나 한강 상류를 차지한 신라가 배신하면서 한강 하류까지 빼앗겼고, 나·제 동맹도 깨지고 말았다. 성왕은 관산성에서 신라군과 싸우는 태자를 격려하러 가다가 신라군 매복에 걸려 처형당했다.

▲ 무령왕릉 입구

성왕이 죽고 나자 나라 힘이 약해졌고 귀족끼리 서로 다투었다. 위덕왕, 혜왕, 법왕에 이어 무왕이 왕위에 올랐으나 신라와 전쟁이 끊이지 않았고 왕권도 강화되지 않았다. 그래서 무왕은 자신을 지지하는 세력이 있는 익산으로 천도를 시도하며, 미륵사를 짓고 궁궐을 세웠다. 하지만 부여 귀족들이 반대해 천도에 실패했다.

무왕을 이어 왕위에 오른 의자왕은 대야성을 공격해 김춘추 딸과 사위인 김품석을 죽인 것을 비롯해 신라 성 40여 개를 빼앗았다. 또 신라에서 당으로 오가는 무역항인 당항성도 공격해 신라를 위기에 빠뜨렸다.

> **탐구하기** 백제 행정 조직에 대한 아래 설명에서 공통으로 들어갈 숫자를 써 넣으세요.
>
> (가) 무령왕은 지방 행정 조직을 (　　　)담로로 정비했다.
> (나) 성왕은 중앙 행정 조직을 6좌평에서 (　　　)부로 바꾸었다.

역사 탐구

탐구 3 - 백제의 대외 활동

백제는 4세기 들어서면서 대외 활동을 활발하게 벌여나갔다. 가야, 왜와 교류했으며, 근초고왕은 남부 지역을 넓히면서 바닷길도 개척했다. 중국 동진과도 외교 관계를 맺고 뛰어난 문물을 받아들여 발전시켰다.

'양직공도'에는 6세기 무렵 중국 양나라에 온 사신들 그림과 그 나라를 설명하는 글이 실려 있다. 백제 부분에

▶ 양직공도에 등장하는 백제 사신

"마한 땅에 세워진 나라이고 도성을 '고마'라 하며, 읍을 '담로'라 하는데, 이는 중국 군현과 같은 말이다. 그 나라에는 22담로가 있는데, 모두 왕 자제나 종족에게 나누어 다스리게 했다. 언어와 의복은 고구려와 비슷하지만, 걸을 때 두 팔을 벌리지 않고 절할 때 한쪽 다리를 펴지 않는다. 모자를 관이라 부르고 저고리를 복삼, 바지를 곤이라 한다. 백제 말에는 중국말이 뒤섞여 있으니, 이것 또한 진한 풍속이 남은 때문이라고 한다."

라는 기록이 남아 있다.

당시 백제에서 중국, 서해, 남해, 왜를 잇는 교역이 활발했다. 전북 부안군 죽막동에는 큰 제사 터가 남아 있는데 배를 타기 전에 안전을 비는 제사를 지냈던 곳이었다. 여기에서 중국, 왜, 가야 유물 등이 출토되었다. 왜와는 나라 지방에 이르는 바닷길로 교류했다.

백제에는 박사 제도가 있었다. 기와를 잘 만드는 와박사, 유교 경전을 잘 아는 오경박사가 있었고, 금속 공예품을 만드는 기술자는 노반박사라 했다. 왕인과 아직기를 비롯한 백제 박사가 왜로 건너가 유교와 한자를 전해주었다. 또 솜씨 좋은 장인도 왜에서 절을 짓고 탑을 쌓았다. 일본 역사책에는 백제가 오늘날 캄보디아, 동남아시아 지역인 부남 왕국, 곤륜 등과 교류했다는 내용도 나온다.

백제는 탑 만드는 기술이 뛰어나서 신라 선덕 여왕이 황룡사에 9층 목탑을 세우기 위해 백제 기술자인 아비지를 초청하기도 했다.

탐구하기 중국 양나라에 온 여러 나라 사신들을 설명과 함께 그려놓은 그림은 무엇인가요?

역사 해석

해석 1 · 가장 먼저 전성기를 맞이한 백제

백제는 고구려, 신라보다 더 먼저 전성기를 맞이했다. 고이왕 때 기틀을 마련한 중앙 집권 국가 체제가 근초고왕으로 이어지면서 크게 발전했다. 한강과 영산강을 끼고 있어 물이 풍부했고, 넓은 곡창 지대가 있어 사람이 살기도 좋았다. 넓은 평야에서 나는 풍요로운 먹을거리 덕분에 인구는 늘어나고 나라 힘이 강해지는 바탕이 되었다. 또 충청 지역에서는 철광석이 많이 나서 농기구와 무기를 많이 만들 수 있었다.

백제는 일찍부터 항해 기술이 발달했다. 한강 유역을 가장 먼저 차지하면서 백제는 바닷길을 이용해 중국 요서 지방과 산둥 지방까지 나아가 교류했다. 고구려가 바닷길을 방해하자 근초고왕은 고구려를 공격해 황해도 해안 지방을 차지한 다음 산둥 반도와 직선으로 잇는 바닷길을 개척했다. 그 길을 통해서 중국 땅에 있는 여러 나라와 활발하게 교류했다. 일찍부터 다른 나라와 교류하면서 백제는 고구려, 신라보다 더 일찍 앞설 수 있었다. 뒤에 한강 유역을 고구려에게 빼앗기면서 바닷길이 막히기도 했으나 백제는 다른 항로를 만들어 중국 남조와 활발하게 교류했고, 외국 문물을 받아들여 아름다운 백제 문화를 만들어나갔다.

근초고왕은 남쪽으로는 전라도, 북쪽으로는 황해도 지역까지 넓은 땅을 차지했다. 또 중국과 왜로 진출했는데, 막강한 군사력과 경제력으로 국내 정치도 안정시켰다. 왕위를 아들에게 물려주는 부자 상속 제도를 확고히 했고, 박사 고흥에게 역사책을 만들게 하면서 왕권을 강화했다. 이를 바탕으로 백제는 나라밖으로 더욱 더 진출할 수 있었다.

백제가 중국 땅을 영토로 삼기도 했다는 기록이 중국 역사책에 있다. 《송서》에는 '백제는 본래 고구려와 더불어 요동 동쪽 1천여 리에 있었다. 그 뒤 고구려가 요동을 차지하자, 백제는 요서를 공격해 차지했다. 당시 백제가 통치한 곳은 진평군 진평현이라고 했다.'고 전한다. 또 《양서》에도 '진나라 때 고구려가 요동을 공격하여 차지하자, 백제도 요서, 진평 2군 땅을 점령하고 담로라고 하는 백제군을 설치했다.'라고 되어 있다.

이 기록들을 보면 백제가 중국 요서 지방으로 진출한 것뿐만이 아니라 실제로 통치했다는 짐작도 할 수 있다.

 **해석하기** 백제가 고구려, 신라보다 먼저 전성기를 이룬 까닭은 무엇인가요?

역사 해석

해석 2 - 우수한 농경 기술과 토목 기술

백제는 오래전부터 하천에 둑을 쌓아 도랑을 판 뒤 농사짓는 곳으로 물을 끌어들이는 기술을 썼다. 나라에서 벽골제라는 큰 저수지를 만들기도 했다. 이런 기술은 왜에도 전해져 '백제지'라는 저수지들과 둑들이 있었다고 한다.

풍납동 토성을 발굴하면서 항아리와 단지, 시루를 비롯한 각종 토기 조각이 출토되었으며, 돌로 만든 절구를 비롯해 중국제 유물들도 무더기로 쏟아져 나왔다. 또한 높은 기술로 정제된 철제품들이 나와 백제 야금 기술이 상당한 수준이었음이 밝혀졌다. 이로써 한성 백제 시대부터 중국과 활발히 교류했으며, 선진 문물을 수용해 수준 높은 문화를 누렸음을 알 수 있다. 그러나 더욱 놀라운 것은 토성을 쌓을 때 흙을 굽는 방법으로 성벽을 쌓았다는 점이다.

- **야금** 광석에서 금속을 추출하고, 정련하여 사용목적에 적합한 필요한 형상으로 만드는 기술
- **개흙** 갯바닥이나 늪바닥에 있는 거무스름하고 미끈미끈한 고운 흙, 유기물이 뒤섞여 있어 거름으로도 쓴다.

성벽 단면을 보면 널빤지를 대고 틀을 만든 다음 진흙을 일정한 두께로 층층이 다지는 판축 기법으로 쌓은 것을 알 수 있다. 이때 흙을 불에 살짝 구워 튼튼하게 했다. 바닥은 개흙이나 진흙을 깔아 물이 스며들거나 무너지는 것을 막았다. 또 흙으로 성벽을 쌓을 때 10cm 두께마다 나뭇잎이나 나무껍질, 볏짚 같은 식물로 부엽토층을 만들어 얇게 깔고 개흙으로 채워 단단하게 쌓아올렸다.

이를 부엽공법이라고 하는데, 부엽토층을 넣어서 지진이 났을 때 무너지지 않게 하는 기술이다. 요즘도 제방을 쌓을 때 쓴다. 다리를 흔들리게 하거나 고층 건물을 조금 흔들리게 해서 지진이 났을 때 건물을 보호하는 원리이다.

해석하기 백제가 성벽을 쌓을 때 쓴 판축 기법은 무엇인가요?

역사 토론

📍 백제는 정말 중국 요서 지방에 진출했을까?

토론 내용 우리나라 역사서에는 기록되어 있지 않으나 중국 역사서에는 백제가 중국 대륙에 자리 잡고 있었다는 기록이 있다. 우리는 이를 어떻게 받아들여야 할까?

토론 1. 대륙으로 진출했다.

백제가 요서 지방에 진출했다는 것은 중국 역사책에 기록되어 있다. 중국을 비롯해 동양 고대사를 연구하는 데 기본적인 역사책이라고 할 수 있는 25개 역사책 일부에도 실려 있다. 중요한 역사책에 기록되어 있으므로 사실이 분명하다.

토론 2. 아니다. 진출하지 않았다.

관련 유적, 유물이 발견되지 않았기 때문에 믿을 수 없다. 한 나라가 어느 지역으로 진출했거나 지배했다면, 정치·경제·문화면에서 많은 영향을 끼치게 된다. 그런 사실을 증명할 수 있는 유적이나 유물이 어떻게라도 남게 된다. 그런데 지금 중국 땅이라서 조사하기 어려운 이유도 있겠지만 증명할 만한 유적이 발견되지 않았다.

토론 3. 그래도 진출했다.

유물과 흔적이 남아 있다. 중국이 베트남을 지배한 시기가 있었는데, 베트남 근처 광서성 장족자치구 일대에 '백제향'이라는 곳에서 전남 지방에서만 보이는 주전자 부리 모양 맷돌과 외다리 방아, 서낭당 같은 문화 흔적이 나타나기도 했다. 백제가 중국으로 진출했다고 짐작하는 증거라 할 수 있다.

토론 4. 아무리 그래도 진출하지 않았다.

만약 백제가 대륙까지 진출했었다면 우리나라 역사책에도 기록이 남아 있어야 한다. 백제가 중국 대륙으로 진출해 통치했다면 무척 중요한 사실인데, 기록되지 않은 것은 진출하지 않았기 때문이다.

토론하기 백제가 중국 대륙까지 진출했을까요? 자기 생각을 밝히고, 그 까닭을 쓰세요.

역사 에 비추어 보는 오늘

학습 내용 | 정해진 답은 없습니다. 자기 생각을 자유롭게 쓰세요.

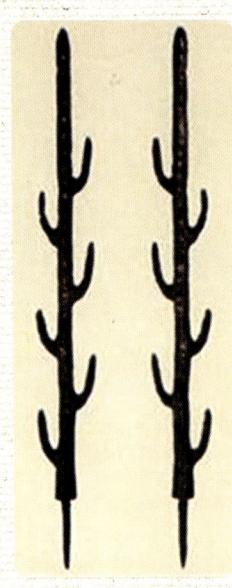

일본 이소노카미 신궁에는 칠지도가 있다. 이 칼은 날 양쪽에서 나뭇가지처럼 3갈래로 가지가 뻗은 모양이다. 칠지도는 실제로 쓰는 칼이 아니라 왕이 신하에게 내려주는 것으로 외적을 물리치는 힘이 있다고 신성하게 여긴 칼이다.

칼에는 '전쟁에 나가 많은 병사를 물리칠 수 있으므로 마땅히 후왕에게 바친다.', '전에는 이와 같이 좋은 칼이 없었다. 백제 ○이 임금 분부로 왜왕 지를 위하여 만들었으니 후세에 전하여 보일지어다.'라고 되어 있다.

우리나라 학자들은 백제가 칠지도를 만들어 제후인 왜왕에게 하사했다고 해석한다. 그러나 일본 학자들은 일본 역사책에 나온 대로 369년 왜국이 가야를 정복하고 땅 일부를 백제에게 떼어주자 백제가 감사 표시로 이 칼을 바친 것이라고 했다. 일부 일본 학자들은 또 왜가 4세기 후반에 한반도 남부 지역에 진출해 백제, 신라, 가야를 지배했고 가야에는 기관을 설치해서 통치했다는 임나일본부설도 주장하고 있다.

일본 오사카에서는 매년 11월에 축제가 열린다. '사천왕사 왔소' 축제는 1,600여 년 전 한자를 일본에 전해준 백제 왕인 박사와 오경박사, 아직기, 단양이를 기리는 축제이다. 이 행사를 통해 백제 사람들이 존경받고 있다는 것을 알 수 있으며, 우리 옛 역사에 대한 자부심을 느낄 수도 있다.

'사천왕사 왔소' 발음 역시 우리말 발음으로 "우리 일행이 사천왕사에 왔소이다."라는 말을 그대로 사용하고 있다. 1,000여 명이나 되는 참가자가 시내를 가로질러 사천왕사에 이르는 동안 많은 사람이 우리말 '왔소'에서 비롯된 말인 '왔쇼이! 왔쇼이'를 외친다. 축제는 불교와 한자, 도예, 건축, 생활 양식 등을 전한 왕인 박사를 비롯해 가야, 백제, 고구려, 신라, 조선 등에서 온 수행 행렬과 사절단을 맞이하는 일본 사람들이 교류하는 내용을 표현한 가장 행렬이다.

🔑 생각열기 일본에서 열리는 축제나 여러 역사 기록으로 보아 백제가 앞선 문화를 일본에 전해준 것은 사실입니다. 그런데도 일본은 칠지도를 백제가 하사한 것이 아니라 자기들에게 바친 것이라고 주장하고 있습니다. 일본이 이렇게 주장을 하는 까닭은 무엇일까요?

07 고구려 성장과 발전

역사 연대기
- 399년 | 신라가 왜 공격을 받고 고구려에 구원을 요청함
- 433년 | 나·제 동맹을 맺음
- 589년 | 수나라가 중국을 통일함
- 618년 | 수나라가 멸망함, 당나라를 건국함

학습 목표
1. 고구려 영토 확장 과정을 알 수 있다.
2. 고구려가 수나라, 당나라와 벌인 전쟁을 이해할 수 있다.
3. 중국이 고구려를 침략한 이유를 알 수 있다.
4. Korea라는 말 어원을 파악할 수 있다.

교과 연계

초등사회 5-2
- 1. 우리 역사의 시작과 발전
  - 3) 고구려, 백제, 신라의 건국과 발전

중등역사 1(비상)
- 2. 삼국의 성립과 발전 _ 2) 삼국의 발전과 가야
- 3. 통일 신라와 발해의 발전
  - 1) 고구려의 대외 항쟁과 신라의 삼국 통일

중등역사 1(미래엔)
- 2. 삼국의 성립과 발전 _ 1) 고구려의 성장과 영토 확장

중등역사 1(천재)
- 2. 삼국의 성립과 발전 _ 1) 삼국 및 가야의 성장과 발전

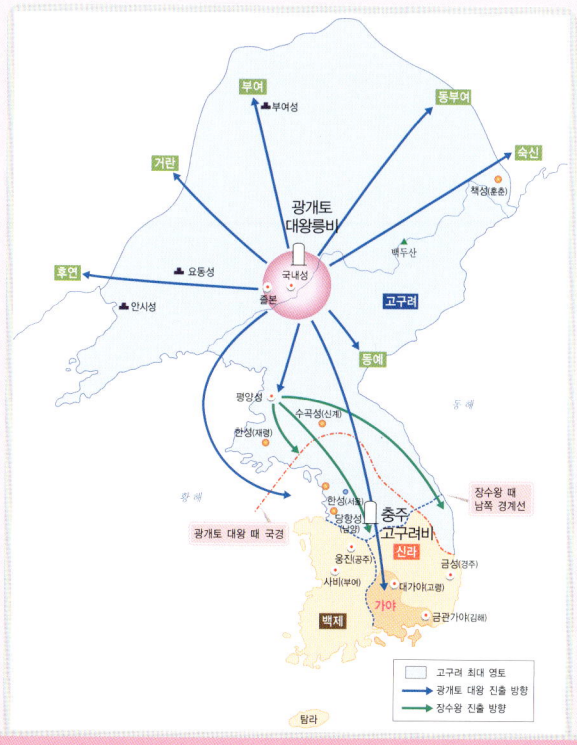

◀ 고구려 전성기(5세기)

역사 탐구

탐구 1 - 고구려, 동아시아 최대 강국이 되다

후한이 멸망한 220년부터 589년 수나라가 통일할 때까지 중국이 분열되어 있던 시기를 위진남북조 시대라고 한다. 이 기간동안 삼국, 5호 16국, 남북조 등으로 분열과 혼란을 반복했다. 중국이 여러 세력으로 분열되어 혼란에 빠지자 고구려는 그 기회를 이용해 정복 전쟁을 벌였다.

광개토 대왕은 즉위 초(391)부터 백제를 공격해 임진강 둘레를 차지했다. 395년에는 북으로 방향을 돌려 거란을 공격해 6, 7백 부락과 가축을 얻었다. 398년에는 동북쪽에 있는 숙신을 정벌하고 서북쪽에 있는 북위에 고구려인을 이주시켰다. 400년에는 신라 내물왕이 도움을 청하자 군사 5만을 보내 왜구를 격퇴시켰다. 402년 고구려 서북쪽에 있던 후연이 남소성과 신성에 쳐들어오자 요하를 건너 후연 숙군성을 공격했다. 후연 평주 자사 모용귀가 성을 버리고 도망치자, 요동에 남아 있는 후연 근거지를 차례로 격파해 요하 동쪽을 모두 차지했다. 410년에는 동부여를 토벌해 64성과 1,400여 개 촌락을 얻었다. 그 결과 고구려는 북쪽으로 내몽골, 서쪽으로 요서 지역, 동쪽으로 연해주, 남쪽으로 임진강에 이르는 대제국을 건설했다.

광개토 대왕을 이은 장수왕은 북위, 송과 교역에 힘쓰고 몽골 지역 유목 민족인 유연과 교류하면서도 지두우국(地豆宇國, 동몽골 지역)을 분할하는 등 중국에 있는 나라를 견제하는 외교 정책을 펼쳤다. 427년 장수왕은 국내성을 기반으로 했던 귀족 세력을 약화시키고 왕권을 강화하기 위해 수도를 평양으로 옮겼다. 남하 정책은 한강 유역을 차지하려는 목적도 있었다. 475년에 백제 수도인 한성을 함락하고 개로왕을 죽였다. 이로써 아산만에서 충주 일대까지 영토를 넓히고 한강 유역을 차지하면서 삼국 경쟁에서 주도권을 잡게 되었다.

고구려는 광개토 대왕과 장수왕 때, 밖으로는 만주와 한반도에 걸치는 영토를 개척하고 안으로는 국가 체제를 정비하며 동아시아에서 최대 강국이 되었다.

탐구하기 장수왕이 수도를 국내성에서 평양으로 옮긴 까닭은 무엇인가요?

탐구 2 - 고구려와 수나라가 벌인 전쟁

　589년 4백여 년에 걸친 분열 시대를 끝내고 수나라가 중국을 통일했다. 이 통일은 당시 동북아시아 질서에 큰 변화를 일으켰다. 수나라는 동북아시아에서 패권을 차지하기 위해 고구려에 압력을 가하기 시작했다. 고구려는 수나라에 대항하기 위해 남으로는 백제, 북으로는 돌궐과 손을 잡았고, 백제와 고구려에 의해 고립되어 있던 신라는 수나라와 손을 잡았다. 그러자 동북아시아는 수나라와 신라가 손잡은 동서 진영과 돌궐에서 고구려, 백제로 이어지는 남북 진영으로 나뉘었다.

　먼저 공격을 한 것은 고구려였다. 598년 영양왕은 말갈 병사 1만 명을 이끌고 요서 지방을 공격했다. 이에 수나라 문제는 30만 대군으로 고구려를 침략했으나, 홍수와 폭풍우로 요하를 건너지 못하고 돌아가야 했다.

　문제를 이은 양제는 612년 1월에 113만 명이나 되는 군대를 이끌고 원정길에 올랐다. 모두 출발하는 데 40일이나 걸렸고, 그 길이가 서울에서 부산까지 거리인 432km정도였다. 수나라군은 고구려 요동성을 포위하고 공격했으나 끄떡도 하지 않았다. 초조해진 양제는 별동대 30만 명을 뽑아 평양성으로 보냈다.

　이때 을지문덕은 항복을 한다며 수나라 장군인 우중문을 찾아갔다. 수나라 군대가 피로와 굶주림에 지쳐 있는 것을 확인하고 돌아온 을지문덕은 거짓 퇴각을 하며 수나라군을 깊숙이 끌어들였다. 유도 작전에 걸려들어 평양성 밖 30리까지 오자, 을지문덕은 우중문에게 시 한 수를 지어 보내 어리석음을 비꼬았다. 우중문은 그때서야 속은 것을 알고 후퇴 명령을 내렸고, 황급히 도망치느라 혼란에 빠진 수나라군을 고구려군이 뒤쫓으며 공격했다. 살수(청천강)에서 크게 패하고 살아 돌아간 수나라군은 2,700여 명에 불과했다. 이 전투가 살수 대첩이다. 양제는 그 뒤에도 두 차례나 고구려를 침략했으나 모두 실패했다.

> **탐구하기** 을지문덕과 고구려군이 수나라 군대를 크게 무찌른 전투를 무엇이라고 부르나요?

역사 탐구

탐구 3 - 고구려와 당나라가 벌인 전쟁

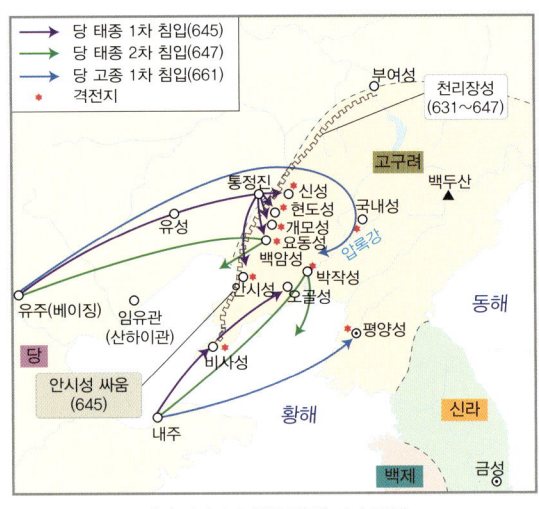

▲ 고구려와 당나라가 벌인 전쟁(7세기 중엽)

수나라에 이어 중국을 차지한 당나라는 처음엔 고구려와 좋은 관계를 맺었다. 당나라 고조나 고구려 영류왕 모두 싸움을 원하지 않았기 때문이었다.

그러나 당나라 태종이 즉위하자 두 나라 사이는 나빠졌다. 태종은 동돌궐을 정복해 복속시키고 서역을 정벌하는 등 점차 세력을 확대해갔다. 고구려도 침략에 대비해 부여성에서 비사성에 이르는 천리장성을 쌓았다.

당나라와 사이가 더욱 나빠지자 고구려는 강경파와 온건파로 나뉘었다. 영류왕은 수나라와 전쟁으로 나라 힘이 약해졌으니 충돌을 피하고 나라 힘을 기르자는 온건파였다. 연개소문을 대표로 하는 강경파는 당나라에 강하게 맞서야 한다고 생각했다. 그래서 영류왕을 죽이고 온건파를 몰아내 정권을 잡았다.

고구려를 칠 명분을 찾던 태종은 임금을 죽인 연개소문을 벌준다며 직접 병력을 동원해 고구려 침략에 나섰다. 태종이 이끄는 군사는 그동안 여러 차례 정복 전쟁을 통해 단련된 정예 부대였다. 요동 반도에 있는 개모성, 백암성, 요동성, 비사성을 차례로 함락시킨 당나라 군대는 안시성으로 몰려들었다. 안시성마저 빼앗기면 요동 반도는 완전히 당나라 손에 들어가는 것이었다. 고구려는 안시성을 구하기 위해 고연수, 고혜진이 이끄는 고구려와 말갈 연합 군대 15만 명을 보냈으나 당나라 군대에 패했다.

당나라 군대도 여러 가지 무기를 사용해 공격했으나 안시성은 함락시키지 못하고 있었다. 안시성 성주 양만춘과 성 안에 있는 사람들이 일치단결하여 싸웠기 때문이었다. 초조해진 당나라군은 안시성 안을 굽어 볼 수 있도록 성벽보다 높은 흙산을 60일에 걸쳐서 쌓았다. 그러나 고구려군은 기습 공격으로 이 산을 빼앗았다.

9월로 접어들자 추위가 닥쳤고, 식량도 바닥나자 태종은 할 수 없이 철군 명령을 내렸다. 그는 패배를 인정하고 고구려군에게 비단 백 필을 선물로 주며, 고구려 원정을 크게 후회했다고 한다.

탐구하기 양만춘이 이끈 고구려군이 당나라 군대를 물리친 전투는 무엇인가요?

역사 해석

해석 1 ─ 고대사를 푸는 열쇠, 광개토 대왕릉비와 충주 고구려비

비석은 그 당시 일어났던 일이나 사람들이 했던 일을 전하기 위해 돌에 글을 새긴 것이다. 역사책에 기록되어 있지 않은 내용을 알려주거나 기록된 내용을 보충해주기도 한다. 그래서 비석은 역사와 문화를 되살려주는 열쇠라고 한다. 고구려 역사에 대한 비밀을 풀어줄 수 있는 비석에는 어떤 것이 있을까?

광개토 대왕릉비

광개토 대왕릉비는 414년 장수왕이 아버지 업적을 기리기 위해 당시 도읍인 국내성 지안(集安, 집안)에 세운 비석이다. 크기는 아파트 3층 높이인 6.4m, 무게 37톤이며, 네 면에 걸쳐 1,775자를 새겼다.

고구려 건국 신화와 광개토 대왕이 펼친 정복 전쟁과 신라에 군대를 보낸 것, 그리고 왕릉을 지키고 관리하는 능지기인 수묘인 제도가 적혀 있다. 광개토 대왕릉비는 고구려 역사뿐만 아니라 둘레 나라들 관계를 알 수 있는 귀중한 자료이다. 하지만 일본은 훼손되어 잘 보이지 않는 일부 비문을 자기 나라에 유리하게 해석하고 있다. 비문 가운데 '신묘년 기사' 부분을 '신묘년에 왜가 바다를 건너와 백제와 신라를 정복하고 신민으로 삼았다.'라고 왜곡해 우리나라를 일본이 옛날부터 다스렸다는 '임나일본부설'을 주장하고 있다.

충주 고구려비

충주시 입석마을에 있는 충주 고구려비는 우리나라에 하나밖에 없는 고구려 비석이다. 높이 약 2m, 너비 55cm로 국보 205호이다.

고구려를 뜻하는 '고려(高麗)'라는 글자와 '전부대사자(前部大使者)' 같은 고구려 관직명이 기록되어 있어 고구려 영토가 남한강 충주까지 미쳤다는 것을 알려주는 비석이다. 또 고구려왕이 신라를 '동이(東夷)'라고 낮춰 부르고 신라왕을 '매금(寐錦)'이라고 부르며, 의복을 하사했다는 기록으로 보아 고구려를 세계의 중심으로 여기고 신라는 고구려를 따르는 나라로 생각했음을 알 수 있다.

해석하기 광개토 대왕릉비와 충주 고구려비가 중요한 까닭은 무엇인가요?

역사 해석

해석 2 ─ 수나라와 당나라는 왜 끊임없이 고구려를 침략했을까?

수나라는 한나라가 무너진 뒤 약 4백여 년 동안 분열되어 있던 위진남북조 시대를 통일했다. 국내 정치를 안정시킨 수나라는 612년부터 여러 차례 고구려를 침략했다. 하지만 수나라는 오래가지 못했고, 당나라가 세워졌다. 수나라를 이은 당나라도 644년부터 고구려가 멸망할 때까지 끊임없이 침략했다. 왜 수나라와 당나라는 끊임없이 고구려를 침략했던 것일까?

첫째, 중국 황제를 천자라고 생각했다.

중국을 통일한 나라는 동아시아에서 가장 큰 세력이 되었다. 그래서 중국 황제를 천자라고 여기며, 천하를 다스리는 최고 통치자인 황제를 중심으로 둘레 나라들은 황제 지배 아래 있어야 한다고 생각했다. 중국 황제를 천자로 인정하지 않는 고구려를 힘으로 누를 필요가 있었던 것이다.

둘째, 둘레 나라들이 중국을 우러러 보아야 한다고 생각했다.

중국은 스스로가 세계 중심이자 문명국이고, 둘레는 모두 오랑캐 나라들이라고 생각했다. 둘레 나라들이 신하로서 예의를 갖추기를 강요하고, 이를 따르지 않을 경우 군사력으로 다스렸다. 수나라와 당나라도 국내 정치가 안정되자, 둘레 나라 가운데 위협이 될만한 나라인 고구려 힘을 약화시킬 필요가 있었다. 그래야 둘레 나라들이 자신들이 원하는 대로 머리를 숙일 것이었기 때문이다.

셋째, 중국 둘레에 강한 나라가 있는 것은 또다시 혼란을 가져올 수 있다고 생각했다.

고구려는 중국이 분열되어 있던 위진남북조 시대에 세력을 키워 중국 쪽으로 영토를 많이 확장했다. 고구려 입장에서는 국력을 키운 것이지만, 중국을 통일한 나라 입장에서는 자기네 영토여야 하는 곳을 고구려가 차지하고 있다고 여겼다.

위진남북조 시대 북방 유목민들이 내려와 여러 나라를 세우고 북쪽을 차지했던 혼란을 반복하지 않기 위해서는 고구려가 큰 나라로 발전하지 못하도록 막아야 했던 것이다.

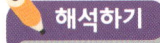 **해석하기** 수나라와 당나라가 고구려를 침략했던 까닭은 무엇인가요?

'Korea(코리아)'라는 말은 어디에서 나왔을까?

토론 내용 우리나라 이름은 어떻게 해서 생겨났을까? 우리나라 정식 국호는 '대한민국'이고 영어 명칭은 'Republic of Korea'이다. 그렇다면 'Korea(코리아)'라는 말은 어디에서 나온 것일까?

토론 1. 고구려다.

고구려는 '커카우리(高句麗)'라고 불렸고, 5세기부터 나라 이름을 고려로 바꾸자 '카우리(高麗)'로 바뀌었다. 이것이 돌궐(터키)과 훈족(헝가리)같은 나라에 의해 서역으로 전해져서 코리아로 불리게 되었다.

토론 2. 고려다.

코리아가 세계에 알려진 것은 고려 시대 때 아라비아 및 페르시아(서역, 西域) 상인들에 의해서였다. 아라비아 상인이 고려와 무역을 하러 왔을 때 '고려'라는 발음이 되지 않아서 '꼬려, 코려, 코리어, 코리아'라고 하게 되면서 코리아라고 불리게 되었다.

토론 3. 그래도 고구려다.

왕건이 고려를 세울 때 고구려를 계승한 나라임을 스스로 밝혔다. 충주 고구려비문을 보더라고 고구려 사람들은 나라 이름을 고구려가 아닌 고려로 불렀고, 《삼국지》를 비롯한 역사책에서도 '고려'라고 쓰고 있다. 따라서 그 어원은 고구려이다.

토론 4. 아무리 그래도 고려다.

고려라는 말은 5세기부터 나왔지만 세계에 고려라고 알려진 것은 왕건이 세운 고려 시대 때부터다. 그러므로 세계 사람들이 우리를 코리아로 부르는 것은 고려 시대 이후이다.

토론하기 'Korea(코리아)'라는 말은 고구려에서 나왔을까요, 왕건이 세운 고려에서 나왔을까요? 자기 생각을 밝히고, 그 까닭을 쓰세요.

역사에 비추어 보는 오늘

학습 내용 | 정해진 답은 없습니다. 자기 생각을 자유롭게 쓰세요.

To Sui General Yu Zhongwen
Heaven knows how marvelous you are in your strategy,
Earth knows how shrewd you are in your calculation,
Your name already knows no bounds in this war,
Time to know satisfaction in your toil.

神策究天文(신책구천문) 신통한 계책이 하늘 이치를 깨달은 듯하고
妙算窮地理(묘산궁지리) 기묘한 계략은 땅 이치를 모두 아는 듯하네.
戰勝功旣高(전승공기고) 이미 전쟁에 이겨서 그 공이 높으니
知足願云止(지족원운지) 이제 만족할 줄 알고 그만 둠이 어떠한가.

FTA(자유 무역 협정, Free Trade Agreement)
특정 국가끼리 무역 발전을 위해 물자나 서비스 이동을 자유화시키는 협정으로, 나라와 나라 사이 무역 장벽을 낮추거나 없애서 무역 자유화를 이루기 위한 양국 간 또는 지역 사이에 맺는 무역 협정이다

생각열기 2007년 한국과 미국 대표들이 **FTA** 협상을 위해 만났습니다. 이 자리에서 우리나라 농업 협상단이 미국 농업 협상단에 고구려 을지문덕 장군이 지은 한시 '여수장우중문시(수 장군 우중문에게 보내는 한시)' 원문과 영어로 번역한 글을 보냈습니다. 《삼국사기》에 실려 전하는 이 시는 을지문덕 장군이 고구려를 침공한 우중문에게 '이제 그만 만족함을 알고 돌아가라.'고 충고하는 내용을 담고 있습니다. 우리나라 협상단이 이 시를 미국 농업 협상단에게 보낸 까닭은 무엇인지 생각해 보고, 자기 생각을 써 보세요.

08 신라 성장과 발전

역사 연대기
503년 | 지증왕이 나라 이름을 신라로 정함
520년 | 법흥왕이 율령을 반포함
527년 | 법흥왕이 불교를 공인함
562년 | 진흥왕이 대가야 정복, 가야를 통합함

학습 목표
❶ 신라를 성장시킨 왕들을 알 수 있다.
❷ 화랑도와 골품 제도를 파악할 수 있다.
❸ 진흥왕이 여러 지역에 순수비를 세운 까닭을 알 수 있다.
❹ 문화유산이 가져다주는 장점과 단점을 생각할 수 있다.

교과 연계
초등사회 5-2   1. **우리 역사의 시작과 발전**
                3) 고구려, 백제, 신라의 건국과 발전
중등역사 1(비상) 2. **삼국의 성립과 발전**_ 2) 삼국의 발전과 가야
중등역사 1(미래엔) 2. **삼국의 성립과 발전**_ 3) 신라의 발전과 가야
중등역사 1(천재) 2. **삼국의 성립과 발전**_ 1) 삼국 및 가야의 성장과 발전

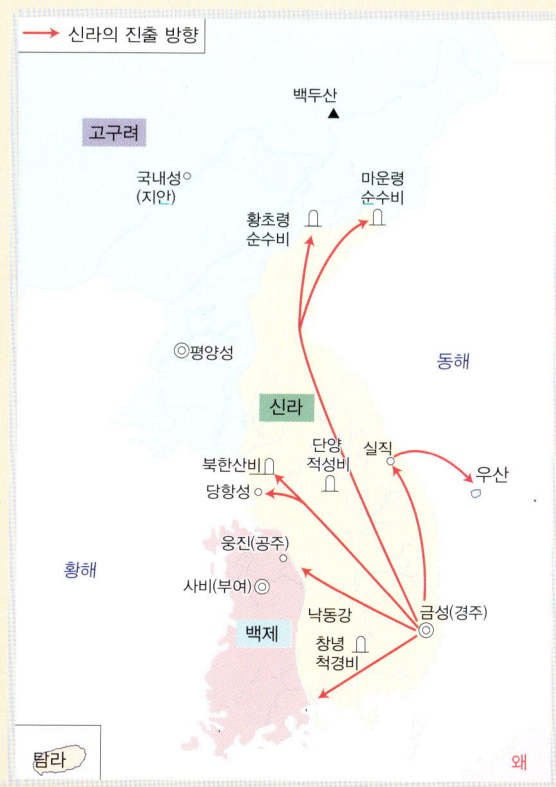

◀ 신라 전성기(6세기)

역사 탐구

탐구 1. 신라를 성장시킨 왕들

신라는 삼국 가운데 가장 약한 나라에서 지증왕, 법흥왕, 진흥왕 시기를 거치면서 강한 나라로 발전해 갔다.

지증왕은 임금을 부르는 호칭을 '마립간'에서 '왕'으로 고쳤다. 서라벌, 사로국, 계림 등으로 부르던 나라 이름도 '신라(新羅)'로 정했다. '나라 힘이 날로 새로워져 사방을 하나로 모은다.'는 뜻이다. 그리고 임금이 죽으면 살아있는 남녀 다섯 명씩을 함께 묻는 순장 풍습을 없앴다. 또 소가 끄는 쟁기로 논밭을 가는 우경을 장려함으로써 수확량이 크게 늘어났다. 우산국을 정복해 영토도 넓혔다.

법흥왕은 법과 제도를 정비해 나라를 다스리는 율령을 반포했다. 지역마다 조금씩 차이가 있던 법과 제도를 하나로 통일한 것이다. 또 고구려를 통해 전해지기는 했으나, 귀족들이 반대해 나라 종교로 삼지 못한 불교를 이차돈 순교를 계기로 공인했다. 귀족 세력을 누르고 백성들 마음을 하나로 모아 왕권을 한층 더 강화할 수 있었다.

그리고 김해에 자리 잡고 가야 연맹을 이끌던 금관가야를 정복해 신라 땅으로 만들었다. 항복한 금관가야 왕 김구해는 신라 귀족인 진골이 되었다. 김구해 증손자가 김유신이다.

진흥왕은 백제 성왕과 함께 고구려를 공격해 한강 하류 지역은 백제, 한강 상류 지역은 신라가 차지하기로 했다. 하지만 진흥왕은 백제를 공격해 한강 하류 지역까지 차지함으로써 당나라와 직접 이어지는 교역로와 기름진 땅을 얻었다. 또 금관가야가 무너진 뒤 가야 연맹을 이끌던 대가야를 정복해 영토를 크게 넓혔다. 그리고 정복한 지역을 돌아보고 순수비를 세워 주인이 되었음을 널리 알렸다. 한반도 중앙을 차지하고 영토를 크게 넓힌 신라는 큰 나라로 발전해 갔다.

선덕 여왕은 진지왕, 진평왕에 이어 더 이상 왕위를 이을 성골 남자가 없자, 여성 최초로 왕위에 올랐다. 천문대인 첨성대를 세워 천문 관측을 발전시키고, 황룡사에 9층 목탑을 세워 백성들 마음을 하나로 모았다.

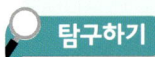 **탐구하기**

1. 삼국 가운데 힘이 약했던 신라를 크게 성장시킨 왕들은 누구인가요?

2. 선덕 여왕이 백성들 마음을 하나로 모으기 위해 세운 탑은 무엇인가요?

탐구 2 - 화랑도

　신라에는 연맹 왕국 시절부터 부족마다 청소년 조직이 있었다. 그러다 중앙 집권 국가로 성장하면서 젊은 인재가 많이 필요해지자, 진흥왕이 화랑도를 국가 조직으로 만들었다.

　처음에는 젊은 인재를 선발하고 키우기 위해 남모와 준정이라는 두 여성을 원화로 삼고 젊은이 300여 명을 거느리게 했다. 그래서 원화 제도라고 부르기도 했다. 진흥왕은 원화 제도를 화랑도로 바꾸어 남자를 단장으로 삼도록 했다. 화랑을 따르는 낭도는 평민도 참여할 수 있었다. 하지만 대장인 화랑은 15세부터 18세 사이 진골만이 될 수 있었으며, 10여 명을 선발했다. 화랑 한 명을 따르는 낭도는 3백 명에서 수 천 명에 이르기도 했다.

　화랑도는 말 타는 법, 활 쏘는 법, 칼 다루는 법 등 무예를 익혀 훌륭한 군인이 되는 것이 가장 큰 목표였다. 이들은 3년 동안 단체 생활을 하면서 무예를 익히고, 유교 경전을 공부하고, 경치 좋은 곳을 돌아다니며 몸과 마음을 단련했다. 그리고 원광 법사가 만든 세속오계를 바탕으로 정신을 가다듬었다.

> 　세속오계는 세상에서 지켜야 할 다섯 가지 약속이라는 뜻으로 충성으로 임금을 섬겨야 한다는 '사군이충(事君以忠)', 효도로써 어버이를 섬겨야 한다는 '사친이효(事親以孝)', 믿음으로서 친구를 사귀어야 한다는 '교우이신(交友以信)', 싸움에 임해서는 물러섬이 없어야 한다는 '임전무퇴(臨戰無退)', 살아있는 것을 죽일 때는 가림이 있어야 한다는 '살생유택(殺生有擇)' 등이다. 유교와 불교에서 가르치는 내용, 군인으로서 가져야 할 자세 등이 두루 포함되어 있다.

　화랑은 무예를 익히고 전쟁에 앞장서서 많은 공을 세웠다. 대가야 정벌에 공을 세운 사다함, 백제와 맞선 황산벌 전투에서 목숨을 바쳐 신라군 사기를 올린 관창과 반굴, 삼국 통일을 이루는 데 큰 역할을 한 김춘추와 김유신 등은 모두 화랑 출신들이다.

　두 화랑이 열심히 공부하고 나라에 충성을 다할 것을 다짐한 내용을 새긴 '임신서기석', 기파랑이라는 화랑을 노래한 '찬기파랑가' 등이 전해지고 있다.

▲ 임신서기석

 화랑들이 세상에서 지켜야 할 다섯 가지 약속으로 원광 법사가 만든 것은 무엇인가요?

역사 탐구

탐구 3 · 골품 제도와 화백 회의

신라는 골품 제도를 중심으로 나라를 다스렸다. 성골과 진골이라는 '골' 신분, 6두품에서 1두품까지 '두품' 신분, 그리고 평민이 있었다. 법흥왕이 율령을 반포하고, 각 지방 지배 세력을 경주로 옮겨 와 살게 하면서 세력 규모에 따라 골품을 정해 주었다. 경주 이외 지역에 사는 사람에게는 골품이 주어지지 않았다. 통일 이후에는 5소경까지 확대되었다. 두품은 6두품이 가장 높고, 1두품이 가장 낮은 신분이었다. 3두품에서 1두품까지는 나중에 평민과 비슷한 처지가 되었다.

관등		골품				공복
등급	관등명	진골	6두품	5두품	4두품	
1	이벌찬					자색
2	이 찬					
3	잡 찬					
4	파진찬					
5	대아찬					
6	아 찬					비색
7	일길찬					
8	사 찬					
9	급벌찬					
10	대나마					청색
11	나 마					
12	대 사					황색
13	사 지					
14	길 사					
15	대 오					
16	소 오					
17	조 위					

▲ 골품과 관등표

부모가 모두 왕족인 성골이 왕위를 이었으나, 진덕 여왕을 끝으로 더 이상 왕위를 이을 성골이 사라지자, 부모 가운데 한 명이 왕족인 진골이 왕위를 잇게 되었다. 진골 출신으로 처음 왕위에 오른 사람은 김춘추이다.

성골이 왕위를 이어갈 때 진골은 1관등인 이벌찬부터 5관등인 대아찬까지 관직을 독점했다. 그리고 6두품은 6관등인 아찬까지, 5두품은 10관등인 대나마까지, 4두품은 12관등인 대사까지밖에 오를 수 없었다. 아무리 능력이 뛰어나도 골품이 낮으면 높은 벼슬을 할 수가 없었다.

골품 제도는 관직뿐만 아니라 일상생활까지 영향을 미쳤다. 결혼은 같은 신분끼리 하는 것이 원칙이었고, 옷차림과 집 크기, 그릇까지 기준이 정해져 있었다. 여자가 입는 겉치마, 속치마, 비녀, 빗 모양뿐만 아니라 색깔과 재료까지 정해져 있었다. 신분이 높을수록 더 화려하고 좋은 것을 썼다.

신라에서는 오래전부터 나라에 중요한 일이 생기면 왕과 귀족이 회의를 열어 결정했다. '화백 회의'라 불렀고, 만장일치로 결정을 내렸다. 만장일치제는 모두가 찬성해야 결정하는 방식으로 한 사람이라도 반대하면 통과되지 못했다.

법흥왕 때부터는 왕이 화백 회의에 참석하지 않았고, 화백 회의 대표인 상대등을 만들어 결정된 내용을 보고하도록 했다. 백제에는 정사암 회의, 고구려에는 제가 회의라는 귀족 회의가 있었다.

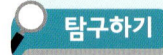 신라를 지배하던 신분 제도는 무엇인가요?

역사 해석

해석 1 화랑도가 신라를 발전시킨 밑거름이 된 까닭

신라 진흥왕은 원화 제도를 고쳐 화랑도를 만들었다. 화랑도는 성장하고 발전하던 신라에 날개를 달아주었다. 화랑도가 신라를 발전시킨 밑거름이 된 까닭은 무엇일까?

💡 **첫째, 골품 제도로 경직된 신분 사회를 보완해주는 역할을 했다.**

신라에서는 능력이 있어도 태어나면서 정해진 골품을 벗어날 수 없었다. 능력이 뛰어나도 실력을 발휘할 수 있는 높은 벼슬을 얻을 수 없었다. 일반 백성은 관직에조차 나갈 수 없었다. 그래서 인재가 숨어 지내거나 다른 나라로 가버리기도 했다.

하지만 예외가 있었다. 화랑을 따르는 낭도는 평민도 될 수 있었고, 전쟁에서 공을 세우면 관직을 얻을 수 있었다. 골품 제도로 꽉 막힌 신라에서 화랑도는 신분제를 보완하는 역할을 했다.

💡 **둘째, 노블레스 오블리주를 실천했다.**

노블레스 오블리주는 '가진 자가 사회에 기여하는 의무'라는 뜻으로 사회 지도층이 솔선수범한다는 말이다. 화랑도에서 대장인 화랑은 진골 귀족 자식만이 될 수 있었다. 삼국 통일에 큰 공을 세운 김유신, 김춘추, 반굴, 관창 등은 모두 화랑 출신이다. 관창과 반굴은 황산벌 전투에서 신라군이 위기에 몰리자, 자신을 희생해서 신라군 사기를 끌어올렸다. 화랑은 높은 관직과 특권을 누리기도 했지만, 위기에 빠진 나라를 구하는 데에도 목숨을 아끼지 않고 앞장섰다.

💡 **셋째, 인재를 양성하는 역할을 했다.**

화랑도는 전국을 다니며 심신을 수련하고 실력을 키워나갔다. 그리고 나라가 위기에 빠지면 수련해 온 실력을 발휘했다. 화랑도는 나라에 충성을 다하는 능력 있는 인재를 키우는 곳이었다.

해석하기 화랑도가 신라를 발전시킨 밑거름이 된 까닭은 무엇인가요?

역사 해석

해석 2 - 진흥왕이 여러 지역에 순수비를 세운 까닭

신라는 진흥왕 때 이르러 영토가 함경도까지 넓어졌다. 단양 신라 적성비(551)를 시작으로 서울 북한산 진흥왕 순수비(555), 창녕 진흥왕 척경비(561), 마운령비(568), 황초령비(568)를 세웠다. 순수비는 임금이 친히 행차하고 주변 지역을 둘러보고 난 다음에 세우는 비석이다. 진흥왕은 왜 여러 곳에 순수비를 세웠을까?

▲ 단양 신라 적성비   ▲ 북한산 진흥왕 순수비

첫째, 신라 땅이 커진 것을 기념하는 영역 표시이다.

신라는 고구려, 백제, 신라 삼국 가운데 영토가 가장 작았다. 그러다 가야 병합을 시작으로 영토를 확장하기 시작했다. 진흥왕은 백제 성왕과 함께 고구려를 공격해 한강 유역을 빼앗았다. 새롭게 차지한 영토를 백제와 나누어 한강 상류는 신라가, 한강 하류는 백제가 차지하기로 했다. 하지만 진흥왕은 백제를 누르고 한강 하류 지역까지 신라 땅으로 만들었다. 순수비는 이렇게 영토가 넓어진 것을 알리고 기념하기 위해서 세운 것이다.

둘째, 왕이 가진 힘과 능력을 백성들에게 보여주기 위함이다.

진흥왕이 순수비를 세운 지역은 신라가 다른 나라를 공격해서 빼앗은 땅이다. 비석을 세우면서 널리 알리면 왕에 대한 충성과 존경심을 높일 수 있다. 즉 신라가 다른 나라를 공격해서 영토를 넓힌 것을 널리 알려 왕이 큰 능력이 있다는 것을 보여 주려는 것이다.

셋째, 새롭게 신라 영토에 편입된 사람들을 통합하기 위함이다.

순수비를 세운 지역에 살고 있던 사람은 신라 지배에 대한 불만을 품을 수 있다. 불만을 줄이고 신라 백성으로 받아들인다는 신호가 필요했다. 왕이 직접 행차해 백성을 만나면 정복당한 지역에 대해 관심과 사랑을 보이는 것으로 판단해 신라 지배를 받아들일 것이다. 새롭게 신라 영토에 편입된 사람들을 통합하기 위해 순수비를 세운 것이다.

해석하기 신라 진흥왕이 여러 지역에 순수비를 세운 까닭은 무엇인가요?

역사 토론

골품 제도는 신라 발전에 도움이 되었을까?

토론 내용   신라에는 '골'과 '품'으로 이루어진 신분 제도인 골품 제도가 있었다. 법흥왕 때 율령을 반포하며 연맹 왕국에서 중앙 집권 국가로 변화해가면서 만들어졌다. 골품에 따라 오를 수 있는 관직, 집 크기, 옷 색깔 등이 정해졌다. 이러한 골품 제도는 신라 발전에 도움이 되었을까?

토론 1. 도움이 되었다.

법흥왕이 율령을 반포해 연맹 왕국에서 중앙 집권 국가로 가는 과정에서 골품 제도가 만들어졌다. 골품 제도로 왕권이 강해지고 나라가 안정되어 발전할 수 있는 기반이 만들어졌다.

토론 2. 도움이 되지 않았다.

골품 제도는 골품에 따라 할 수 있는 일이 엄격하게 구분되었다. 나라를 위해 일할 마음과 능력이 있어도 골품이 낮으면 기회조차 얻지 못했다.

토론 3. 그래도 도움이 되었다.

골품 제도가 만들어지면서 각자 부족을 이끌던 세력이 골품을 받고 중앙 귀족이 되었다. 여러 부족으로 분산되어 있던 힘을 하나로 모으고 신라 발전을 위해 일할 수 있게 되었다.

토론 4. 아무리 그래도 도움이 되지 않았다.

골품 제도는 부족 규모에 따라 서열을 정한 것이다. 큰 부족을 이끌던 세력은 대대로 잘 살 수 있는 기반이 만들어졌지만, 대다수는 그러지 못했다. 또 수도에 사는 사람에게만 골품이 주어져 지방에 사는 사람은 불만이 컸을 것이다.

토론하기   골품 제도는 신라 발전에 도움이 되었을까요? 자기 생각을 밝히고, 그 까닭을 쓰세요.

역사에 비추어 보는 오늘

학습 내용 | 정해진 답은 없습니다. 자기 생각을 자유롭게 쓰세요.

○ 경주시는 신라가 천년 동안 도읍으로 삼았던 지역으로, 신라가 남겨놓은 많은 문화유산으로 가득합니다. 그래서 경주시를 5개 구역으로 나누어 세계 문화유산에 등재하기도 했습니다. 자랑스러운 문화유산 도시 경주, 하지만 경주에 살고 있는 사람은 어떨까 생각해 봅시다.

[사례 1]

우리 집은 경상북도 경주시 교동에 있다. 주중에는 수학여행, 현장 체험 학습, 수련회를 온 학생이 붐비고, 주말에는 관광객이 넘쳐난다. 어릴 적부터 놀이터처럼 신나게 뛰어놀던 곳인데 많은 사람이 우리 동네를 보려고 찾아온다. 언론에서 초등학교, 중학교, 고등학교 수학여행지 1위가 경주라는 발표를 볼 때마다 자랑스럽다. 경주시는 신라 불교 미술 보물 창고인 남산 지구, 신라 궁궐터인 월성 지구, 신라 왕과 왕비 및 귀족 무덤인 대릉원 지구, 황룡사 지구, 수도 방어 시설인 산성 지구 등 5개 구역으로 나뉘어 세계 문화유산으로 지정되어 있고, 불국사와 석굴암, 양동 마을은 별도로 지정되어 있다. 이외에도 74개에 이르는 사적, 국보, 보물이 여기저기 흩어져 있어 열린 박물관이라고도 부른다. 다른 지역에 사는 사람은 사진으로 보거나 시간과 비용을 들여서 관람해야 하는 것을 나는 일상생활 속에서 늘 접할 수 있다. 그리고 자주 문화재를 보다보니 문화재를 보는 눈도 자연스럽게 생겼다. 나는 경주에 살고 있는 것이 자랑스럽다.

[사례 2]

우리 집은 경상북도 경주시 교동에 있다. 주중에는 수학여행, 현장 체험 학습, 수련회를 온 학생으로 붐빈다. 놀러 온 아이들처럼 놀고 싶은 마음에 공부가 제대로 되지 않는다. 주말에는 넘쳐나는 관광객 때문에 가족들과 나들이를 가려고 해도 너무 복잡하다. 집에서 휴식을 취하려고 해도 주변이 너무 시끄러워서 짜증이 난다. 다른 지역에 사는 친척은 경주에 사니까 날마다 문화재를 볼 수 있으니 좋겠다고 하지만, 새롭지도 않고 지겨울 때도 있다. 또 옆집 민준이네는 집을 새로 지으려고 땅을 팠다가 토기가 나와서 공사가 중단되고, 3년째 발굴 조사 중이다. 문화재보호법 때문에 유물이 나오면 발굴 조사를 해야 하고, 발굴에 들어가는 비용도 땅주인이 내야 한다. 우리 집도 새로 지으려고 하다가 잘못하면 엄청난 발굴 비용만 들게 될지도 모른다며 포기했다. 차라리 다른 도시로 이사 가고 싶다.

 생각열기 문화유산이 많은 도시에 살고 있으면 좋은 점과 좋지 않은 점에는 어떤 것이 있을까요?

09 신라, 삼국을 통일하다

역사 연대기
648년 | 나·당 군사 동맹이 체결됨
660년 | 백제가 멸망함
668년 | 고구려가 멸망함
676년 | 당나라군을 몰아내고 삼국 통일을 완성함

학습 목표
❶ 백제 멸망 과정을 알 수 있다.
❷ 고구려 멸망 과정을 알 수 있다.
❸ 백제와 고구려 부흥 운동을 알 수 있다.
❹ 당나라를 몰아낸 과정을 알 수 있다.

교과 연계
- 초등사회 5-2 → 1. 우리 역사의 시작과 발전
  4) 삼국 통일과 발해의 건국
- 중등역사 1(비상) → 3. 통일 신라와 발해의 발전
  1) 고구려의 대외 항쟁과 신라의 삼국 통일
- 중등역사 1(미래엔) → 3. 통일 신라와 발해의 발전 _ 1) 신라의 삼국 통일
- 중등역사 1(천재) → 3. 통일 신라와 발해의 발전 _ 1) 신라의 삼국 통일

◀ 나·당 전쟁

역사 탐구

탐구 1 - 백제 멸망

642년 백제 의자왕은 신라를 공격해 대야성(경남 합천)을 비롯한 성 40여 개를 빼앗고, 신라에서 당나라로 오고가는 길목인 당항성(경기 화성)을 고구려와 함께 공격했다. 궁지에 몰린 신라는 고구려를 끌어들여 백제를 치려고 김춘추를 보내 보장왕에게 군사를 요청했다. 고구려 실권자인 연개소문은 진흥왕 때 신라가 차지한 '죽령 이북에서 철령 이남'이 옛 고구려 땅이니 돌려달라는 조건을 내세우며 거절했다. 김춘추는 왜로 가서 도움을 청했으나 백제와 좋은 관계를 맺고 있던 왜도 거절했다.

648년 당나라로 건너간 김춘추는 백제를 공격할 때 도와주면 당나라가 고구려를 칠 때 돕겠다고 했다. 안시성 싸움에서 고구려에 지고 돌아온 당나라 태종은 기뻐하며 군대를 보내 주겠다고 약속했다.

655년 백제와 고구려가 신라를 공격하자 태종 무열왕이 된 김춘추는 군대를 보내 달라고 했다. 660년 당나라 장수 소정방은 군사 13만 명을 이끌고 백강(금강)을 따라 쳐들어 왔고, 신라에서는 김유신이 이끄는 신라군 5만 명이 소백산맥을 넘어 사비로 진격했다.

백제는 잦은 전쟁으로 국력이 약해져 백성들 생활은 어려웠고, 용맹스럽던 의자왕도 나라 일을 제대로 돌보지 않았다. 성충과 흥수를 비롯한 충성스러운 신하가 **간언**했지만, 오히려 이들을 옥에 가두거나 귀양을 보내버렸다. 옥에 갇힌 흥수가 '수군은 백강 하구인 기벌포로 들어오지 못하게 하고, 육로로는 소백산맥을 지나는 길목인 탄현을 넘지 못하게 하라.'는 대책을 알려주었지만, 제대로 대비하지 못하고 갈팡질팡만 했다. 그 사이에 신라군은 탄현을 넘어 황산벌로 향했고, 당나라군은 기벌포에 상륙했다.

> **간언(諫言)** 웃어른이나 임금에게 충고하는 말

계백은 싸움터로 떠나는 날 아침, '적에게 노예가 되어 부끄럽게 사느니 차라리 내 손에 죽는 게 낫다.'며 아내와 자식들을 칼로 베어 죽이고 떠났다. 이때 계백은 결사대 5천여 명을 이끌고 황산벌에서 김유신과 맞섰다. 5천 결사대가 힘을 다해 싸우자 진격하지 못하게 된 신라군은 사기가 떨어지고 말았다. 그러나 신라 화랑 반굴과 관창이 홀로 말을 타고 백제 진영으로 달려가 싸우다 전사하자, 이들이 용감하게 죽는 것을 보고 사기가 오른 신라군은 총공격에 나섰다.

결국 계백과 5천 결사대는 모두 목숨을 잃었고 사비성은 함락되었다. 웅진성(충남 공주)에서 전쟁을 이끌던 의자왕이 항복했다. 의자왕은 신하와 백성 1만 2천여 명과 함께 당나라로 끌려갔고, 백제는 멸망했다. 의자왕은 끌려간 해에 병들어 죽고 말았다.

> **탐구하기** 황산벌에서 만난 신라와 백제 장군은 각각 누구인가요?
> • 신라:
> • 백제:

탐구 2 - 고구려 멸망

수나라, 당나라와 벌인 전쟁에서 이기기는 했지만, 오랜 전쟁으로 고구려 국력은 크게 약해졌다. 신라가 당나라와 손잡고 백제를 멸망시키자, 고구려는 남쪽에 있는 신라와 맞서고, 당나라와도 싸워야 하는 처지에 놓였다.

백제를 멸망시킨 이듬해인 661년, 당나라는 고구려 공격에 나서 평양성을 포위했다. 신라에서는 태종 무열왕이 죽고, 태자인 법민이 문무왕으로 즉위했다. 당나라는 신라에 군사와 군량미를 보내라고 했지만 문무왕은 백제 부흥군을 막아야 한다며 보내지 않았다. 한 달 넘게 평양성을 포위하고 있던 당나라군은 함락될 기미도 안 보이고 신라로부터 기대했던 군사와 군량미 지원도 이루어지지 않자 불안해졌다. 당나라 고종은 겨울이 닥치자 결국 철군 명령을 내렸다. 이번에도 고구려는 당나라를 막아냈지만, 농토는 황폐해졌고 백성들은 지쳤다.

▲ 백제와 고구려 멸망

당나라도 더 이상 고구려를 공격하지 않았으나, 665년 고구려를 강력하게 통치하던 연개소문이 죽자 후계자 자리를 놓고 세 아들 사이에 싸움이 벌어졌다. 첫째 아들인 남생이 아버지 벼슬인 '대막리지'를 이어받았다. 그러나 남생이 전국을 순시하러 떠난 사이에 둘째인 남건이 형 자리를 빼앗아 버렸다. 그러자 남생은 당나라에 투항했고, 연개소문 동생인 정토도 자기가 다스리던 성 12개를 신라에 바치고 항복했다.

667년 남생을 길잡이로 삼은 당나라 50만 대군이 다시 고구려를 공격했고, 남쪽에서는 신라군이 공격해 왔다. 남북에서 공격을 받은 고구려 성은 차례차례 함락되었고, 또다시 평양성이 포위되었다. 평양성을 지키던 백성과 군사들은 끝까지 맞섰으나 포위된 지 한 달 만인 668년 9월에 보장왕이 항복함으로써 고구려는 멸망했다. 보장왕과 백성 20여 만 명이 당나라로 끌려갔다. 당나라는 보장왕을 요동도독조선왕으로 봉하며 고구려 유민을 달래는 정책을 펼쳤다. 그러나 보장왕은 유민을 모아 고구려를 다시 일으키려다 쓰촨 성으로 유배되었고, 682년 무렵에 사망했다.

탐구하기 661년에 당나라가 평양성을 한 달 동안이나 포위하고도 그대로 철수한 까닭은 무엇인가요?

역사 탐구

탐구 3 · 삼국 통일 완성

신라와 당나라 연합군은 660년에 백제를, 668년에는 고구려를 멸망시켰다. 하지만 당나라는 대동강 이남 땅을 신라에 넘겨주기로 한 처음 약속을 어기고 한반도 전체를 차지하려는 욕심을 드러냈다. 백제와 고구려 옛 땅에 각각 웅진 도독부와 안동 도호부를 두었고, 신라 경주에도 계림 도독부를 설치하고 당나라 장수와 군사를 머물게 했다. 신라는 백제와 고구려 부흥군을 도우면서 당나라군이 점령하고 있던 옛 백제 땅을 되찾아갔다.

또 신라는 고구려 왕족인 안승을 보덕왕이라 칭하며, 유민들에게 환심을 사서 당나라를 몰아내려 했다. 674년 문무왕은 보덕왕을 백제 땅이었던 금마저(전북 익산)에 옮겨 살게 했다.

당나라가 신라로 쳐들어오면서 나·당 전쟁이 시작되었다. 675년에 신라군이 내륙 지역인 매소성(경기도 연천)에서 당나라군 20만을 상대로 싸워 대승을 거두었다. 이듬해에는 기벌포(충남 서천)에 상륙한 설인귀가 이끄는 수군과 싸워 물리치는 등 20여 차례에 걸쳐 치른 전투에서 신라군이 모두 승리했다. 이로써 신라는 당나라를 몰아내고 대동강에서 원산만 이남 땅을 차지해 삼국 통일을 완성했다.

외세인 당나라를 끌어들여 백제와 고구려를 멸망시켰지만, 백제와 고구려 유민과 합세해 당나라를 몰아내고 이룬 통일이었다. 그러나 고구려 옛 땅을 대부분 잃고 말았다.

통일을 완성한 문무왕은 681년에 죽으면서 용이 되어 바다로 쳐들어오는 왜구를 막겠다는 유언을 남겼다. 그 유언에 따라 아들 신문왕은 아버지 유골을 감포 앞바다에 있는 바위섬에 장사지내고, '문무 대왕릉'을 만들었다. 그리고 왕릉이 내려다보이는 산기슭에 정자인 이견대를 세우고, 은혜에 감사하는 뜻으로 '감은사'도 지었다.

▲ 문무 대왕릉(대왕암)

탐구하기 삼국 통일 과정을 연표로 정리해 보세요.

648년 신라와 당나라가 동맹을 맺음 → 660년 : (　　　) 멸망 → 668년 : (　　　) 멸망 → 675년 : (　　　) 승리 → 676년 : (　　　) 승리로 통일 완성

탐구 4 - 백제와 고구려 부흥 운동

백제 부흥 운동과 유민들

백제 왕족인 복신과 승려 도침은 주류성에서, 흑치상지 장군은 임존성을 중심으로 부흥 운동을 이끌었다. 왜에 가 있던 의자왕 아들 부여풍이 돌아오자 왕으로 받들어 성 2백여 개를 되찾기도 했다. 그러나 흑치상지가 당나라에 항복하고, 복신과 도침이 주도권을 다투다가 복신이 도침을 죽이자, 위협을 느낀 풍이 복신을 죽이고 말았다.

663년 왜는 백제 부흥군을 돕기 위해 4만여 명을 태운 대규모 함대를 보냈다. 그러나 백강 전투에서 나·당 연합군에게 왜선 4백여 척이 불타면서 백제 부흥 운동은 막을 내렸다.

백제가 망하자 유민은 신라로 귀화하거나 포로가 되어 당나라로 잡혀갔다. 신라는 백제 유민을 감시하고, 천민처럼 대했다. 유민 가운데 귀족층은 반란을 일으킬 위험이 컸기 때문이었다. 그러자 많은 백제 귀족과 유민이 백제와 사이가 좋았던 왜로 떠났다. 지금도 일본 곳곳에는 백제 사람 흔적이 남아 있다.

▲ 백제와 고구려 부흥 운동

고구려 부흥 운동과 유민들

국내성과 오골성을 중심으로 부흥 운동을 이끌던 고구려 귀족 고연무는 군사 1만을 이끌고 압록강을 건너 당나라군을 공격했다. 이때 신라는 당나라군을 고구려 옛 땅에서 몰아내기 위해 고구려 부흥군을 지원했다. 한성(황해도 재령)을 중심으로 활동한 검모잠은 신라에 귀순한 안승을 왕으로 받들고 부흥 세력을 이끌며 당나라군을 공격했으나 실패했다. 평양성이 함락된 668년부터 보장왕이 유배를 간 681년까지 13년 동안 이어진 고구려 부흥 운동이 실패하자 고구려 유민은 신라, 만주, 왜로 뿔뿔이 흩어졌다. 당나라 고종은 고구려 유민을 당나라 변방에 강제로 이주시켜 이민족을 막아내거나 땅을 개간하도록 했다. 이들 가운데 고선지는 군인인 아버지를 따라 안서 도호부로 가서 공을 세우고 절도사에 오르기도 했다.

 백제와 고구려 부흥 운동을 이끈 사람은 각각 누구인가요?

• 백제: • 고구려:

역사 해석

해석 — 신라가 이룬 삼국 통일은 완전한 통일인가?

'역사를 바라보는 눈'은 시대마다 다를 수밖에 없다. 역사를 해석하는 사람이 살고 있는 시대를 벗어나서 역사를 바라볼 수 없기 때문이다.

고려 인종 때 김부식이 편찬한 《삼국사기》에서는 신라가 이룬 삼국 통일에 대해 '중국에 사대를 다하고, 그 문물을 받아들여 거친 풍속을 개량했으며, 당나라 군대를 빌려 고구려와 백제를 평정하고 태평성세를 이룩한 일'이라고 했다.

조선 시대 실학자 한백겸은 "신라 통합 때 당나라 군대가 돌아간 뒤 곧바로 수도를 국토 중심으로 옮겨 지켰더라면 고구려 옛 땅도 우리 것이 되었을 것이다. 그런데 신라는 서북 땅을 모두 적에게 내어 주었으니……"라고 했다.

대한 제국 말기와 일제 강점기에는 독립운동을 하던 사람들이 외세인 당나라를 이용해 같은 민족을 멸망시킨 신라를 비난했다. 지금도 북한에서는 신라가 반민족적 행위를 했다고 비난하며, 우리 민족이 이룬 첫 통일은 고려라고 한다.

오늘날 교과서에는 '신라가 이룬 삼국 통일은, 그 과정에서 중국 세력인 당나라 도움을 얻었다는 점과 대동강 이남 지역에 한정되었다는 점에 한계가 있으나, 우리 역사상 커다란 의미를 지니는 중요한 사건이었다. 그것은 비록 불완전하지만 우리 민족이 이룬 첫 통일로서, 새로운 민족 문화를 이루는 중요한 계기가 되었다. 특히 신라가 당나라의 욕심을 물리치고 통일을 완수했다는 데 의의가 있다.'라고 쓰여 있다.

해석하기 — 신라가 이룬 삼국 통일은 완전한 통일인가요?

역사 토론

삼천 궁녀 이야기는 진실인가, 거짓인가?

토론 내용 사비성으로 나·당 연합군이 쳐들어왔을 때 삼천 명이나 되는 궁녀가 부여 부소산에 있는 낙화암에서 백마강으로 몸을 던져 죽었다는 이야기가 전해 온다. 삼천 궁녀 이야기는 의자왕이 사치와 향락에 빠져 나라를 망하게 한 증거라고 한다.

토론 1. 진실이다.

《삼국유사》에는 '삼천'이라고 하지는 않았지만 '많은 후궁이 몸을 던졌다.'고 되어 있다. 후궁이 많았다는 것은 궁녀가 많았다는 것으로, 삼천 명까지는 아니더라도 궁녀가 아주 많았을 것이다. 그리고 많은 책에 의자왕이 사치와 향락을 일삼았다고 기록되어 있다.

토론 2. 거짓이다.

형제 간에 우애가 깊었고 부모에 효성이 지극해 '해동증자'라는 칭호를 들으며 백성으로부터 존경을 받았던 의자왕이 삼천 명이나 되는 궁녀를 데리고 방탕한 생활을 했을 리 없다. 백제 멸망 당시 수도인 사비성 인구는 5만 명에 불과했고, 그 가운데 궁녀가 될 수 있는 15~25세인 여자는 약 4천 명밖에 안 됐다. 그런데 삼천 명이 궁녀였다니, 말도 안 된다.

토론 3. 그래도 진실이다.

의자왕이 처음에는 신라를 공격해 많은 성을 빼앗고 나라를 잘 다스렸지만 나중에는 아들에게만 높은 벼슬을 주고 충신들은 멀리했다. 그리고 자신은 향락에 빠졌다. 향락에 빠졌으니 궁녀도 많았을 것이다.

토론 4. 아무리 그래도 거짓이다.

의자왕과 삼천 궁녀에 대한 이야기가 처음 등장한 것은 백제가 멸망하고 나서 천 년이 지난 후 조선 시대 문인이 쓴 시에 나오는 '구름처럼 많은 삼천'이라는 구절이다. 정확한 기록에 따라 이야기한 것이 아니라 과장된 문학 표현에 불과하다.

토론하기 삼천 궁녀 이야기는 진실일까요, 거짓일까요? 자기 생각을 밝히고, 그 까닭을 쓰세요.

역사에 비추어 보는 오늘

학습 내용 | 정해진 답은 없습니다. 자기 생각을 자유롭게 쓰세요.

생각열기   **1.** 역사 속에서든 현실 속에서든 자기 이익을 위해 태도를 바꾸는 경우가 있습니다. 약속을 깨는 행위에 대해서 어떻게 생각하는지 써 보세요.

> 신라는 백제와 힘을 합쳐 고구려를 몰아내고 빼앗은 한강 유역 땅을 독차지하기 위해 120년 동안 지켜온 나·제 동맹을 깨고 백제를 공격했다. 백제와 신라 사이에 전쟁이 일어났고, 백제 성왕은 관산성에서 싸우는 태자를 격려하기 위해 가다가 신라군 매복에 걸려 죽고 말았다. 그러자 동맹국이었던 백제와 신라는 철천지원수가 되었다.
>
> 또 당나라는 신라와 함께 백제와 고구려를 무너뜨린 다음 대동강 이북 땅만을 차지하기로 한 약속을 어기고 한반도 전체를 차지하려고 했다. 나·당 연합이 깨지고 신라와 당나라는 서로 적군이 되어 전쟁을 벌이게 되었다.

2. 우리나라에서 일어난 문제를 해결하기 위해 외세를 끌어들였다가 그 결과로 후유증을 남긴 사례가 있습니다. 나라 사이뿐만 아니라 개인 사이에도 이러한 일이 생기곤 합니다. 자기 문제를 해결하기 위해서 다른 사람에게 의존하는 태도에 대해서 어떻게 생각하는지 써 보세요.

> - 신라는 당나라와 손을 잡고 삼국 통일을 이루었으나 대동강 이북 땅을 당나라에 주었다.
> - 임진왜란 때 일본이 침략하자 명나라를 끌어들인 조선은 심한 사대주의로 인해 세력이 커진 청나라를 무시했다.
> - 동학 농민 운동 때는 국내 문제를 해결하기 위해 청나라에 원군을 요청했고, 이로 인해 청·일 전쟁이 일어나는 계기가 되었다.

10 불교 전래와 삼국 문화

역사 연대기
- 372년 | 고구려에 불교가 들어옴
- 384년 | 백제에 불교가 들어옴
- 527년 | 이차돈이 순교해 신라에 불교가 공인됨
- 645년 | 신라 선덕 여왕 때 황룡사 9층 목탑이 완성됨

학습 목표
1. 불교가 삼국 시대에 전해진 과정을 알 수 있다.
2. 삼국 시대 불교가 지닌 특징을 알 수 있다.
3. 삼국 시대 불교가 끼친 영향을 알 수 있다.
4. 종교에 대한 내 생각을 정리할 수 있다.

교과 연계

초등사회 5-2
1. 우리 역사의 시작과 발전
   3) 고구려, 백제, 신라의 건국과 발전
   4) 삼국 통일과 발해의 건국

중등역사 1(비상) 2. 삼국의 성립과 발전 _ 3) 삼국의 문화와 대외 교류
중등역사 1(미래엔) 2. 삼국의 성립과 발전 _ 4) 삼국의 문화 발전과 대외 교류
중등역사 1(천재) 2. 삼국의 성립과 발전 _ 2) 삼국과 가야의 문화와 문화 교류

◀ 삼국 불교문화

역사 탐구

탐구 1 - 삼국 시대에 불교가 들어오다

우리나라에 불교가 들어온 것은 삼국 시대였다. 삼국 가운데 불교가 가장 먼저 들어온 것은 고구려인데, 372년 소수림왕 때 중국 북쪽에 자리 잡고 있던 전진에서 사신과 함께 승려인 순도가 불상과 불경을 가지고 들어왔다. 또 소수림왕 4년에는 중국 남쪽에 자리 잡은 동진에서도 승려가 왔다. 다음 해 2월 초문사를 세워 순도를 머물게 하고, 이불란사를 세워서 승려가 있게 했다고 《삼국유사》에 기록되어 있다.

그 다음으로 불교가 들어온 것은 백제였다. 384년 침류왕 때 동진에서 온 승려 마라난타를 궁중에 모셔두고 공경했다. 이듬해에는 절을 세우고 열 사람을 승려로 두었다고 《삼국유사》에 기록되어 있다.

신라는 눌지왕 때 고구려 승려 묵호자가 불교를 전해주었으나 오랫동안 나라 종교로 공인을 받지 못했다. 법흥왕 때 중국 남쪽에 자리 잡고 있던 양나라 무제가 원표라는 승려를 보내서 불교를 전해주자, 법흥왕은 왕권을 강화하기 위해 적극 받아들여 나라 종교로 삼으려고 했다. 불교를 널리 퍼트리기 위해 흥륜사를 지으려고 했으나 귀족들이 반대해 실패하고 말았다.

귀족들 반발이 커져 왕이 위기에 몰렸으나 법흥왕의 조카이자 비서였던 이차돈이 나서서 흥륜사는 자기가 지은 것이니 책임을 지겠다고 했다. 이차돈이 순교하자 중단되었던 흥륜사도 다시 짓기 시작했다. 527년에는 나라 종교로 공인되었다.

▲ 이차돈 순교 모습 석주 법흥왕이 신라의 불교 수용을 주장하다 순교한 이차돈을 기리기 위해 건립했다.

가야가 언제 불교를 받아들였는지 정확히 알 수 없다. 지리산에 있는 칠불사는 가야 김수로왕 아들 일곱 명이 부처(칠불)가 되었다고 해서 절 이름으로 삼은 것이라고 한다. 삼국 시대 초기에 불교가 들어온 것으로 짐작할 수도 있지만 칠불사는 전설에 불과하므로 정식 불교 역사라고 할 수는 없다.

탐구하기 신라에서 불교를 나라 종교로 삼을 수 있도록 순교한 사람은 누구인가요?

탐구 2 - 불교로 꽃피운 삼국 문화

불교를 받아들인 고구려, 백제, 신라는 불교와 함께 미술, 건축, 공예를 비롯한 많은 문화가 들어와 더욱 발전했다.

고구려 고구려 고분 벽화에도 불교 그림이 등장했다. 만주 지안 시에 있는 장천 1호분에 예불도나 비천 그림, 평양에 있는 쌍영총에 공양인 행렬도나 화염문과 연꽃 그림 등은 부처와 불교, 그리고 사후 세계를 표현한 것이다.

▲ 황룡사 9층 목탑(복원 모형)

그리고 '연가 7년'이라고 새겨진 금동여래 입상은 평양에 있는 '동사'라는 절에서 천불을 만들었는데, 그 가운데 29번째 불상이라고 새겨져 있다. 이 불상이 신라 땅이던 경남 의령에서 발견된 것으로 보아 고구려가 불교를 둘레 나라에 전했다는 사실을 알 수 있다. 강화도에 있는 전등사는 소수림왕 때인 381년에 아도화상이 세운 것으로 진종사라고 부르다가 고려 충렬왕 때부터 전등사라고 불렀다.

백제 공주 무령왕릉에 연꽃무늬 벽돌은 불교를 상징하는 것이며, 무덤 벽에 만들어 놓은 등잔은 죽은 영혼이 불교에서 말하는 극락으로 가는 길을 밝혀주기 위한 것이다. 또 많은 목탑을 세웠는데 모두 불타버리고 익산 미륵사지와 왕궁리, 남원 만복사지, 부여 궁남지 옆에 자리 잡은 군수리와 부소산성 안에 있는 서복사지 등에 목탑을 세웠던 터가 남아 있다. 부여 정림사지 석탑과 익산 미륵사지 석탑은 목탑을 흉내 낸 돌탑인데, 목조 건물처럼 기단을 만들었으며, 돌을 쪼아 조각조각 짜 맞추었다.

신라 신라는 선덕 여왕 때 황룡사에 9층 목탑을 세워 부처 힘으로 강력한 나라를 만들려고 했다. 목탑은 백제 사람인 아비지를 초청해서 만들었다. 9층으로 만든 것은 왜, 당(중화), 오월, 탁라(탐라), 응유, 말갈, 거란, 여적, 예맥, 이렇게 신라를 둘러싼 아홉 나라가 고개를 숙일 것이라는 뜻이 담겨 있다.

분황사 모전 석탑은 신라 석탑 가운데 가장 오래된 걸작품으로, 돌을 벽돌 모양으로 다듬어 쌓아 올려 만들었다. 원래 9층이었다는 기록이 있으나 지금은 3층만 남아 있다. 또 경주 남산 골짜기마다 자리 잡은 많은 불상과 석탑, 그리고 절터는 신라 불교가 얼마나 발전했는지를 잘 보여 준다.

탐구하기 신라 선덕 여왕 때 황룡사에 9층 목탑을 세운 까닭은 무엇인가요?

역사 탐구

탐구 3 신라 불교를 발전시킨 원효와 의상

원효와 의상은 신라에서 이름 높은 승려였다. 고구려를 거쳐 당나라에 가서 공부를 하려고 길을 나섰으나 고구려에 들어서자마자 첩자로 몰려 붙잡히고 말았다. 몇 달 동안 붙잡혀 있다가 풀려났지만, 당나라 쪽으로는 못 가게 해서 할 수 없이 신라로 돌아와야 했다. 몇 년이 지나서야 배를 타고 당나라로 가려고 길을 가는데 비바람이 몰아쳤다. 마침 날도 저물어서 길가에 있는 움막에서 비를 피하고, 하룻밤 자고 가기로 했다.

한참 자다가 목이 말라 잠을 깬 원효는 움막 바닥에 있던 바가지로 구석에 고여 있는 물을 떠 마셨다. 아주 시원하고 맛있었다. 날이 밝고 잠에서 깬 원효는 깜짝 놀랐다. 자기들이 잠을 잔 곳은 무덤이었다. 한쪽이 무너져 내려서 움막처럼 보였을 뿐이었다. 물을 떠서 마신 바가지는 사람 머리 해골이었고, 마셨던 것도 시체가 썩은 물이 고인 것이었다. 도저히 사람이 잠을 잘 곳이 못되는 곳이었다.

그때 원효는 '보이지 않는 밤에는 아늑한 잠자리로 여기고 푹 잤고 물도 맛있게 마셨지만, 낮이었다면 더럽다고 여길 테니 결코 들어가서 잠을 자지도 물을 마시지도 않았을 것이다. 모든 일에서 좋고 나쁜 것은 마음먹기에 달렸다.'라는 큰 깨달음을 얻었다.

더 배울 것이 없다고 여긴 원효는 당나라 유학을 포기하고 돌아왔다. 부처님께 모든 것을 맡긴다는 '나무관세음보살'만 외우면 불경을 잘 알지 못하더라도 누구나 극락에 갈 수 있다며 불교를 널리 퍼트렸다. 또 여러 갈래로 흩어져 있던 불교를 하나로 모으는 데 힘썼다. 청량사와 신륵사를 비롯한 많은 절들도 세웠다.

반면 당나라로 간 의상은 화엄 사상을 깊이 공부하고 돌아왔다. 부처님 공덕은 영원하다는 화엄 사상을 널리 퍼트리고 전국을 다니면서 봉정사와 범어사를 비롯한 많은 절을 세웠다. 부석사를 세울 때는 당나라에서부터 의상을 흠모해 죽은 뒤에도 용이 되어 호위하던 선묘 낭자가 돌을 띄워서 도적을 몰아내고 절을 지을 수 있게 해주었다는 이야기가 전한다. 낙산사에 있는 의상대는 의상이 기도하던 정자이다.

 의상이 당나라에서 배워와 널리 퍼트린 불교 사상은 무엇인가요?

역사 해석

해석 1. 신라는 왜 다른 나라보다 불교 공인이 늦어졌나?

불교가 들어오기 전에도 삼국에는 여러 종교가 있었다. 건국 신화들에 나오는 곰이나 호랑이, 용, 말, 닭이나 거북이 같은 동물이나 신단수 같은 나무를 섬기는 토테미즘이 있었다. 또 태양신을 섬기는 것도 원래부터 있던 토착 종교라고 할 수 있다.

고조선 건국 이야기에서는 단군왕검이 천신과 곰 사이에서 태어났기 때문에 하늘로부터 선택을 받은 사람이라는 선민사상을 내세웠다. 섬기는 자연물과 사람 사이를 연결하는 능력을 부여 받았고 자신이 하는 말이 곧 신이 하는 말이라는 뜻이다. 선택 받았기 때문에 신으로 섬기는 자연물이나 하늘로부터 뜻을 들어서 사람을 다스리는 것이라고 했다.

그런데 나라가 세워지고 중앙 집권 국가로 발전하면서 왕이 귀족보다 더 큰 힘을 가져야만 했다. 귀족을 누르고 나라를 안정시켜 다스려야 했기 때문이었다. 귀족들 모두를 넘어서는 큰 힘을 가지기 위해서는 부족마다 각자 섬기는 토착 종교보다 더 강력한 종교와 사상이 필요했다.

그래서 삼국 시대에 왕들은 토착 종교보다 더 발전된 종교인 불교를 받아들이려고 했다. 불교를 공인해서 '왕이 곧 부처(왕즉불, 王卽佛)'라는 사상을 내세움으로써 귀족보다 더 높은 권위를 세우려고 했다.

그러나 귀족들은 반대 입장이었다. 왕이 불교 하나로 온 나라를 지배해버리면 자기 부족에서 내세운 토착 종교가 없어져 버리기 때문에 부족 내에서 단군왕검 같았던 힘을 잃게 되는 것이었다. 왕과 귀족 사이에 불교 공인을 둘러싸고 다툼이 벌어질 수밖에 없었다.

고구려와 백제는 왕이 나서서 불교를 받아들였지만 신라는 귀족들 반대가 심했기 때문에 불교가 들어왔지만 오랫동안 나라 종교로 공인되지 못한 것이다. 신라 법흥왕 때 불교를 공인하려다가 이차돈이 희생된 것은 불교를 두고 귀족과 왕 사이에 얼마나 큰 갈등이 있었는지 보여주는 좋은 예이다. 신라가 고구려나 백제보다 왕권이 더 약했기 때문이다.

해석하기 귀족들이 불교 공인을 반대한 까닭은 무엇인가요?

역사 해석

해석 2 - 삼국 시대 불교가 지닌 성격

첫째, 호국 불교였다.

삼국 시대에 불교를 나라 종교로 삼은 것은 부처 힘으로 외적을 물리치고 강한 나라를 만들기 위해서였다. 신라 선덕 여왕 때 황룡사 9층 목탑도 자장 율사가 탑을 만들고 나면 둘레 나라들이 신라에 고개를 숙일 것이라고 한 말을 듣고 세운 것이다. 1층부터 왜, 당(중화), 오월, 탁라(탐라), 응유, 말갈, 거란, 여적, 예맥, 이렇게 신라를 둘러싼 아홉 나라를 상징하는데, 탑이 그 나라를 막아줄 것으로 믿었다. 연등회, 팔관회 같은 불교 행사도 부처 힘으로 나라를 지키려는 것이었다.

둘째, 왕이 곧 부처라고 했다.

삼국 시대 불교는 '왕이 곧 부처'라는 사상을 가지고 있었다. 계율에 따라 행하는 것을 중요하게 여겼는데, 위계질서를 강조하기 위함이었다. 왕을 귀족 위에 자리 잡게 하는 위계질서를 세움으로써 왕권을 강화하는 수단으로 불교를 활용했다.

법흥왕부터 진덕 여왕까지 왕 이름을 불교식으로 지어서 왕이 곧 부처이고 왕을 지키는 것은 나라를 지키는 것이라는 생각을 심어주려고 했다.

셋째, 귀족 중심이었다.

글자를 모르는 백성은 불교 경전을 읽을 수 없었고, 불교가 내세우는 교리도 너무 어려웠다. 또 승려들은 절이나 탑을 세우면 극락왕생할 수 있다고 했는데, 백성은 돈도 없었기 때문에 불교를 믿어도 극락왕생을 할 수 없었다. 그러다보니 귀족이 믿는 종교가 되었다.

넷째, 받아들인 불교문화를 왜에도 전해주었다.

백제 사신 노리사치계가 성왕 때 왜에 불상과 불경을 전해주었다. 고구려 혜자는 쇼토쿠 태자 스승이 되었다. 그리고 담징은 종이, 먹, 벼루 만드는 기술을 전해주고, 호류 사 금당에 벽화를 그렸다고 전한다.

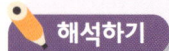 **해석하기** 삼국 시대 불교가 왜 왕권 강화에 도움이 되었을까요?

역사 토론

📍 이차돈이 순교한 것은 불교를 위한 희생인가, 정치 술수인가?

토론 내용 법흥왕은 왕권을 강화하기 위해 불교를 나라 종교로 공인하려고 했다. 이때 가장 큰 역할을 한 사람이 바로 이차돈이다. 이차돈은 자기가 죽고 나면 이상한 일이 일어날 것이라고 했다. 예언대로 이차돈 목을 치자 잘린 목에서 흰 피가 솟구쳤고, 하늘에서는 꽃비가 내렸다. 목은 경주 금강산 정상까지 날아가 떨어졌다. 하늘이 가려지고 땅이 진동했다고 한다.

토론 1. 불교 전파를 위한 희생이다.

고구려, 백제가 불교를 공인하고 백년이 넘었는데도 아직 신라에서는 나라 종교로 공인되지 못하고 있었다. 불교와 함께 들어오는 문화도 들어올 수 없어서 나라도 발전하지 못하고 있었다. 이차돈은 불교가 공인되면 법흥왕 뿐 아니라 백성에게도 큰 도움이 될 것이라고 생각했다. 그러므로 희생이다.

토론 2. 아니다. 정치적 술수다.

이차돈은 자신이 왕명을 사칭해서 절을 짓겠다고 할 테니 귀족들 앞에서 자신을 처벌하라고 법흥왕에게 미리 말했다. 법흥왕과 이차돈은 귀족들 힘을 약화시키기 위해 서로 짰다. 그러므로 정치적인 술수다.

토론 3. 그래도 아니다. 불교를 위한 희생이다.

이차돈이 순교하자 신라도 불교를 공인할 수 있게 되었다. 법흥왕도 권위가 올라갔고, 불교도 널리 퍼졌다. 귀족뿐만 아니라 백성도 불교를 믿었기 때문에 신라는 힘을 하나로 모을 수 있었고, 삼국 통일도 할 수 있었다. 이 모든 것이 이차돈이 희생한 덕분이다.

토론 4. 그래도 정치적 술수다.

아무리 그래도 사람 목숨은 쉽게 버릴 수 있는 것이 아니다. 법흥왕은 이차돈이 순교한 것을 이용해 불교를 공인했다. 왕권을 강화하기 위해 이차돈을 이용했다.

토론하기 이차돈이 순교한 것은 불교 공인을 위한 희생인가요, 정치 술수인가요? 자기 생각을 밝히고, 그 까닭을 쓰세요.

역사 에 비추어 보는 오늘

학습 내용 | 정해진 답은 없습니다. 자기 생각을 자유롭게 쓰세요.

아직도 조금은 낯선 무슬림

무슬림은 이슬람교를 믿는 사람을 말한다. 사우디아라비아, 이란, 이라크를 비롯한 서남아시아 지역과 우즈베키스탄, 카자흐스탄을 비롯한 중앙아시아 지역, 말레이시아, 인도네시아를 비롯한 동남아시아 지역, 시리아, 리비아, 이집트 등 북부아프리카 지역이 주로 이슬람교를 믿는다.

우리나라가 이슬람 세계에 알려진 것은 1천년이 넘었다고 한다. 신라 시대에 처용가를 지은 처용도 서역에서 온 사람이라고 하며, 경주 원성왕릉에 무신석이 아랍 사람 얼굴인 것을 보면 오래전부터 무슬림이 오고 갔다는 것을 알 수 있다. 고려 시대에도 많은 무슬림이 오고 갔다. 대식국, 회회인이라고 부르던 무슬림은 우리나라와 활발하게 무역을 했다.

천주교나 개신교보다 훨씬 오래 전부터 우리나라를 오고 갔는데도 아직 우리는 무슬림을 낯설어 한다. 교회나 성당 같은 종교 시설은 동네마다 있으나 이슬람 종교 시설은 거의 찾아볼 수가 없다. 우리나라 전체로 보아도 몇 개 밖에 없다고 한다.

술을 마시지 않고 돼지고기를 먹지 않으며, 하루에 다섯 번씩 기도를 하는 무슬림을 보고 이상하다고 여기기도 한다. '한 손엔 칼, 한 손엔 꾸란'이라는 말을 통해서 자기 종교를 믿지 않으면 칼로 쳐서 죽이는 테러리스트나 전쟁광으로 오해하기도 한다.

하지만 이슬람교는 사이비 종교나 폭력 종교가 결코 아니다. 천주교나 개신교처럼 하나님을 섬기는 종교이다. 무슬림들은 그 어떤 우상도 숭배하지 않고, 어느 종교보다 경건하게 신을 섬기며 평화를 사랑하는 사람들이다.

▲ 이슬람 성원

생각열기 1. 우리나라에 이슬람 종교 시설이 별로 없는 까닭은 무엇일까요?

2. 우리나라 사람이 이슬람교를 낯설게 여기는 까닭은 무엇일까요?

11 찬란한 통일 신라 문화

역사 연대기
725년 | 상원사 동종이 만들어짐
751년 | 김대성이 불국사, 석굴암을 창건함
765년 | 신라 충담사가 향가 '찬기파랑가'와 '안민가'를 지음

학습 목표
❶ 혜초 스님이 인도를 여행한 배경을 알 수 있다.
❷ 8세기 중앙아시아 문화를 알 수 있다.
❸ 성덕대왕신종을 알 수 있다.
❹ 불국사와 석굴암을 알 수 있다.

교과 연계
- 초등사회 5-2 | 1. 우리 역사의 시작과 발전_ 4) 삼국 통일과 발해의 건국
- 중등역사 1(비상) | 3. 통일 신라와 발해의 발전_ 2) 남북국의 성립과 발전
- 중등역사 1(미래엔) | 3. 통일 신라와 발해의 발전_ 2) 통일 신라의 발전과 문화
- 중등역사 1(천재) | 3. 통일 신라와 발해의 발전_ 2) 통일 신라의 발전과 문화

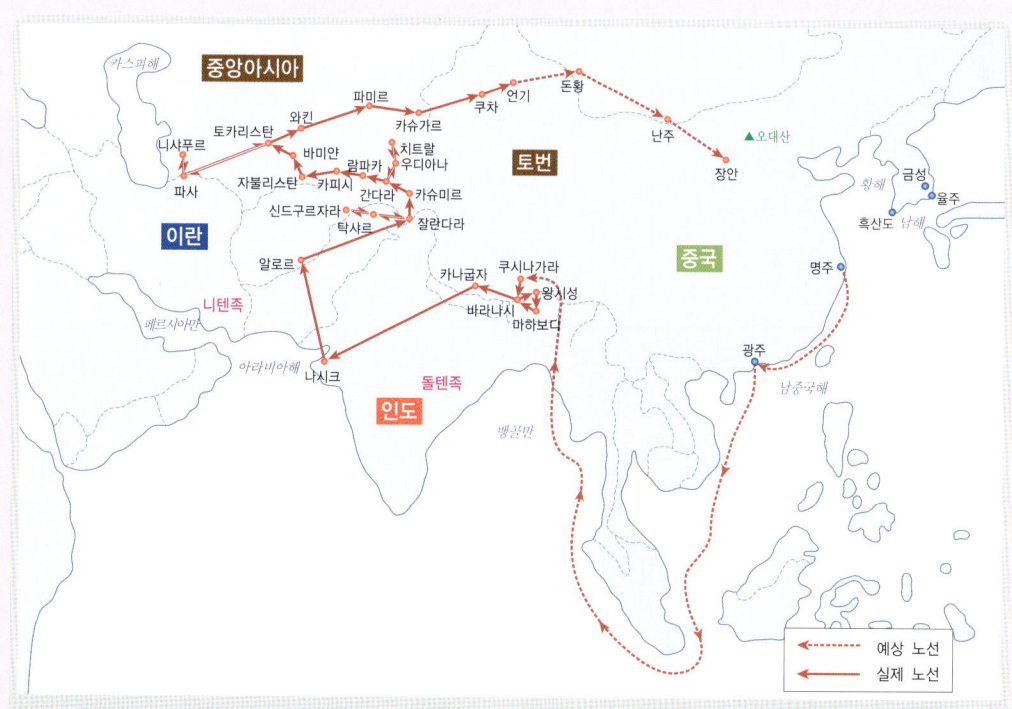

▲ 혜초 스님이 떠난 서역 기행 노정로   중국 명주, 광주 출발 → 베트남 → 싱가포르 → 인도네시아 자바섬(불서국) → 말레이시아 → 미얀마 → 방글라데시(앞바다 경유, 동천축국 진입) → 왕시성(인도의 불교 성지) → 쿠시나가라 → 바라나시 → 마하보디 → 바라나시 → 카나굽자 → 나시크 → 알로르(아프카니스탄) → 토카리스탄 → 파사(이란) → 니샤푸르 → 토카리스탄 → 와칸 → 파미르 → 카슈가르 → 쿠차 → 언기 → 돈황 → 난주 → 장안

역사 탐구

탐구 1 ─ 혜초가 쓴 인도 여행기, 《왕오천축국전》

신라 승려인 혜초(704~787)는 당나라로 유학을 가 광저우에서 남천축국 출신 승려인 금강지를 만나 제자가 되었다. 금강지로부터 권유를 받아 배를 타고 인도로 깨달음을 얻기 위한 구법 여행을 떠났다. 수마트라섬과 그 북서쪽에 있는 파로국을 거쳐 동천축(캘커타 지방)을 시작으로 약 4년 동안 인도와 서역 여러 나라를 여행하고, 727년에 안서 도호부가 있던 쿠차로 돌아왔다. 733년 당나라 수도 장안에 있는 천복사 도량에서 금강지와 함께 불교 경전을 연구하고 한문으로 번역하기 시작했으며, 금강지를 이은 제자로 당나라에서 활발하게 활동했다.

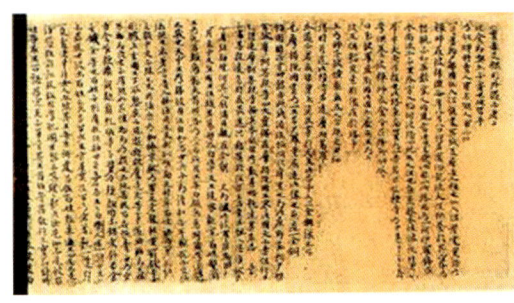

▲ 프랑스 파리 국립 도서관에서 소장하고 있는 《왕오천축국전》 원문

혜초가 다섯 천축국을 여행하고 기록한 이야기인 《왕오천축국전》은 1908년에 프랑스 학자 펠리오가 중국 간쑤성(감숙성) 둔황(돈황)에서 발견했다. '천축'은 인도를 가리키는 중국식 옛 이름이다. 다섯 천축국과 인도 서쪽에 있던 대식국(아랍)까지 갔다가 중앙아시아를 거쳐 파미르 고원을 넘어서 중국 땅인 쿠차에 도착하기까지 보고 들은 것을 기록했다.

이 여행기는 8세기 인도와 중앙아시아에 대한 하나 밖에 없는 기록이다. 또 우리나라 기행 문학 가운데에서도 첫 작품이다. 여행하는 나라마다 가는 방향과 걸리는 시간, 왕성 위치와 규모, 통치 상황, 대외 관계, 기후와 지형, 특산물, 음식과 의상, 풍습, 언어, 종교 등에 대해 나라별로 간단하면서도 사실적으로 기록했다.

혜초 말고도 인도로 구법 여행을 가는 승려는 많았다. 6세기 무렵 백제 사람인 겸익은 배를 타고 인도에 가서 불교 계율을 닦고 익히는 율종을 배우고 돌아와 백제에 율종을 열었다. 7세기 초 신라 승려인 아리야발마, 혜업, 현조, 현각 등은 당나라를 거쳐 인도로 가 그곳에서 세상을 떠났다고 한다.

> **탐구하기** 혜초가 다녀온 천축국은 지금 어느 나라인가요?

탐구 2 - 슬픈 전설을 간직한 성덕대왕신종

　신라가 삼국을 통일하고 얼마 뒤부터 왕권은 약해지고 나라는 점점 힘을 잃어갔다. 제35대 경덕왕은 아버지인 성덕왕이 이룬 공덕을 널리 알리고 왕권을 강화하기 위해 구리 12만 근을 내려 큰 범종을 만들라고 했다. 혜공왕 때인 771년에 완성된 성덕대왕신종은 청동으로 만들었으며, 높이가 3.7미터이고, 무게도 19톤이나 된다. 종 몸에는 향로를 들고 있는 천인을 새긴 비천상과 연꽃무늬, 당초무늬, 구슬띠무늬 등으로 화려하게 조각했다. 종을 매다는 고리인 용뉴(龍鈕)에는 용을 정교하게 조각해놓았다. 또 소리가 낮고 깊으면서도 커졌다 작아졌다를 되풀이하며 길게 이어진다. 이것을 소리 맥이 서로 다투면서 어우러진다고 해서 '맥놀이 현상'이라고 한다. 두께를 부위별로 다르게 만들면 높낮이가 다른 소리가 한꺼번에 나는데 용뉴에 있는 음관을 통해서 높고 탁한 소리가 빠져나가고 남은 낮고 부드러운 소리들이 서로 북돋아 주면서 길게 이어가는 원리이다. 성덕대왕신종은 통일 신라 시대 범종을 대표하는 것으로 작품성과 예술성이 뛰어나 후대 사람들이 종을 만들 때 본보기로 삼았다고 한다.

　'에밀레종'이라고도 부르는 성덕대왕신종은 워낙 소리가 좋아서 아이를 넣고 만들었다는 슬픈 전설이 전해 내려온다.

> 　종이 완성되어 경덕왕과 봉덕사 스님이 쳐 보았으나 어찌된 일인지 소리가 나지 않았다. 경덕왕은 정성이 부족해 부처님이 노한 것이라며 백성들에게 시주를 거두어 더욱 정성을 들여 만들라고 했다. 봉덕사 스님들은 전국을 다니며 시주를 받았다. 그러는 사이에 경덕왕이 죽고 혜공왕이 왕위에 올랐다. 하루는 봉덕사 주지 스님이 꿈속에서 "며칠 전에 시주를 받으러 갔다가 그냥 돌아온 그 집 아이를 데려오너라. 그 아이가 들어가야 종에서 소리가 날 것이다."라는 부처님 목소리를 들었다. 스님은 시주를 다닐 때 만났던 아이와 엄마를 떠올렸다. 그 집으로 찾아가 부처님 뜻이라며 아이를 시주할 것을 간절히 청했다. 엄마가 눈물을 흘리며 내놓은 아이를 쇳물 속에 넣고 종을 만들었다. 완성된 종에서는 맑고 고운 소리가 났으나 칠 때마다 '에밀레, 에밀레'하는 아이 울음소리가 섞여 나왔다. 아이가 어머니를 애타게 찾는 것 같은 소리였다.

　이 이야기는 중국에서 종을 만들 때 있었던 설화가 조선 시대에 전해져 성덕대왕신종에 붙은 것이라고 한다.

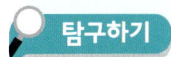 **탐구하기** 성덕대왕신종 소리가 낮고 깊으면서 오래 이어지는 까닭은 무슨 현상 때문인가요?

역사 탐구

탐구 3 - 불국사와 석굴암

삼국 통일 뒤 신라에서는 불교문화가 크게 발달했다.

《삼국유사》에 불국사와 석굴암을 만든 김대성에 대한 이야기가 전해지고 있다. 신문왕 때 가난한 김대성이 부잣집에서 일을 하고 모은 돈으로 흥륜사에 시주를 하고 갑자기 세상을 떠났다. 그리고 얼마 뒤 이웃마을 부자인 김문량 아들로 다시 태어났다. 하루는 김대성이 토함산에서 곰 한 마리를 잡았는데, 그날 밤 꿈속에서 죽은 곰이 나타나서 왜 자신을 죽였냐며 슬프게 울었다. 대성은 곰에게 용서를 빌면서 잠에서 깨어났다. 그 일이 있은 뒤 대성은 자신이 죽인 곰을 위해 장수사라는 절을 지었다. 그리고 깨달은 바가 있어 현재 자신을 길러준 부모를 위해 불국사를 짓고 전생 부모를 위해서 석굴암을 지었다고 한다.

▲ 경주 불국사

불국사는 김대성이 751년 신라 경덕왕 때 짓기 시작하여 혜공왕 때 완성되었다. 불국사는 '부처님 나라'라는 뜻으로, 입구에 있는 청운교와 백운교는 인간 세상에서 부처님 나라로 들어가는 길목을 상징한다. 또 대웅전 앞에는 석가탑과 다보탑이 나란히 서 있다. 석가탑은 간결하지만 조형미가 뛰어나고, 다보탑은 목조 건물을 모방해 만들었으며 화려하고 여성스러운 탑이다.

석굴암은 토함산에 화강암으로 만든 석굴 사원으로 처음에는 석불사로 불렸다. 굴 입구 양쪽에는 금강역사상이 있으며, 좁은 통로에 사천왕상 조각들을 따라 안쪽으로 들어가면 가운데 3.48미터 석굴암 본존 불상이 있다. 가늘게 뜬 눈과 굳게 닫힌 입 그리고 길게 늘어진 귀 등은 신라 사람들 상상에 가장 가까운 부처 모습이다. 그리고 석굴암 본존 불상을 중심으로 벽을 빙 둘러 39개 불상들이 조각되어 있다. 둥근 방에 천정은 돔 형식으로 360개 돌을 둥글게 짜 맞추어 우주를 상징한다. 석굴암은 스스로 습기를 조절하고 공기를 환기시킬 수 있도록 설계하고 건축했다.

▲ 경주 석굴암 본존불

탐구하기 김대성이 현생 부모와 전생 부모를 위해 지은 절은 각각 무엇인가요?

• 현생 부모: • 전생 부모:

역사 해석

해석 1 《왕오천축국전》에 담겨 있는 이야기

혜초가 남긴 《왕오천축국전》은 중요한 기록물로 평가받고 있다. 8세기 인도와 중앙아시아 지역 사람들의 생활 모습을 알려주는 유일한 기록물이라고 한다. 여행기답게 이동 방향, 걸리는 시간, 통치 상황, 기후와 지형, 종교, 음식 등에 대해서도 자세히 담고 있어 더욱 가치를 지닌다. 또 여행하며 느낀 감정을 표현한 '달 밝은 밤'을 비롯한 시 5편도 포함하고 있어, 문학 연구에도 도움을 주고 있다.

💡 **인도 이야기** 중천축국에서 남쪽으로 석 달 남짓 가면 남천축국 왕이 사는 곳에 이른다. 왕에게는 코끼리 팔백 마리가 있다. 영토가 넓어서 동서남쪽이 모두 바다에 이르며 북쪽은 중천축국과 서천축국, 동천축국 등과 맞닿아 있다. 언어는 지방마다 서로 다르고 기후는 중천축국보다 덥다. 그곳에는 코끼리, 물소, 황소, 양 등이 있다. 하지만 낙타나 당나귀는 없다. 풀솜이나 비단은 다섯 천축국 어디에도 없다. 왕과 백성이 불교를 많이 믿어서 절과 승려가 많다.

💡 **티베트 이야기** 인도보다 더 동쪽에 있는 토번국(티베트)은 눈 덮인 산과 계곡 사이에 있는데, 천막을 치고 산다. 성이나 집은 없으며 물과 풀을 따라 떠돌아다닌다. 왕은 한 곳에 살기는 하지만 성곽도 없고 천막에 산다. 땅에서는 말, 양, 야크를 키우고 옷은 털옷과 베옷, 가죽옷인데 남자와 여자가 모두 같은 옷을 입는다. 다른 나라와는 달리 날씨가 춥다. 보릿가루 음식을 먹고 떡과 밥은 적게 먹는다. 왕이나 백성은 불교를 알지 못하고 절도 없다. 피부는 까맣고 흰 사람은 드물다.

달 밝은 밤

달 밝은 밤에 고향 길을 바라보니
뜬 구름은 너울너울 돌아가네.
그 편에 감히 편지 한 장 부쳐보지만
바람이 거세어 화답(和答)이 안 들리는구나.
내 나라는 하늘가 북쪽에 있고 남의 나라는 땅 끝 서쪽에 있네.
일남(日南)에는 기러기마저 없으니
누가 소식 전하러 계림(신라)으로 날아가리.

✏️ **해석하기** 《왕오천축국전》이 중요한 기록물로 평가받고 있는 까닭은 무엇인가요?

역사 해석

해석 2. 석가탑에서 알 수 있는 것들

불국사에는 3층 석탑인 석가탑이 있다. 대웅전 앞에 동서로 마주 서 있는 석탑 가운데 서탑으로 석가모니 부처를 상징하여 세웠다고 한다. 석가탑은 두 가지 내용을 알려주고 있다.

첫째, 신라와 백제 기술이 합해져서 만들어졌다.

석가탑은 백제식 목탑 양식인 다보탑에 비해 벽돌탑인 전탑을 모방해 돌로 깎은 형식이다. 또 다보탑과 달리 기단부나 탑신부에 기둥 모양말고는 조각이 없다. 하지만 각 부분이 차지하는 비례가 아름다워 균형미와 소박한 미를 보여 주고 있는데, 백제 탑 영향을 받은 것이다. 백제 땅이던 부여 사람인 아사달이 신라 기술과 백제 기술을 합해 석가탑을 완성했다고 할 수 있다.

▲ 불국사 3층 석탑(석가탑, 국보 제21호)

석가탑은 무영탑으로 불리기도 하는데, 《삼국유사》에 그 유래가 전해지고 있다. 아사달은 부여에서 뛰어난 기술자로 인정받아 불국사에 탑을 만들기 위해 경주로 가게 되었다. 하지만 탑 만드는 기간이 생각보다 오래 걸려 자신을 직접 만나러 온 아내가 기다림에 지쳐 영지라는 연못에 비친 탑 그림자를 남편으로 오해하고 물에 빠져 죽자, 탑을 완성한 뒤 아사달도 빠져 죽었다고 한다. 그 뒤부터 연못에 탑 그림자가 비치지 않아 무영탑이라고 부르게 되었다고 한다.

둘째, 신라는 뛰어난 인쇄술을 가지고 있었다.

석가탑을 보수하는 과정에서 여러 유물과 함께 무구정광대다라니경이 발견되었다. 탑은 부처님 사리를 보관하기 위해 만들기 시작했으나 많은 탑이 세워지자, 사리 대신에 불경 등을 넣기 시작했다. 무구정광대다라니경은 부처님 말씀을 정리해 놓은 불교 경전인 다라니경을 목판에 새겨 인쇄한 것으로 현재 세계에 남아 있는 목판 인쇄물 가운데 가장 오래된 것이다. 금속 활자로 제작해 인쇄한 《직지심체요절》과 함께 우리나라 인쇄술을 증명해주고 있다. 석가탑이 만들어질 당시 함께 넣은 무구정광대다라니경으로 인해 당시 신라 인쇄술이 얼마나 발달하였는지를 가늠할 수 있게 되었다.

해석하기 석가탑에서 알 수 있는 것들은 무엇인가요?

역사 토론

📍 성덕대왕신종을 쳐야 할까? 그대로 두어야 할까?

토론 내용 1992년 국립 경주 박물관은 새해가 되면 치던 성덕대왕신종을 더 이상 치지 않기로 했다. 771년에 만들어진 종이므로, 1200년이 넘은 종을 자주 치게 되면 망가질 것이라고 생각했기 때문이다.

 1. 종을 쳐야 한다.

종이라는 것은 치기 위해서 만든 것이다. 치지 않는 종은 쇳덩이에 불과하다. 박물관에 전시된 유물은 죽은 물건이 되고 만다. 종을 치지 않는다는 것은 종에게 사형 선고를 내리는 것과 같다. 종소리를 지키기 위해서는 종을 쳐야 한다.

 2. 아니다. 종을 치면 안 된다.

성덕대왕신종을 치지 않고 박물관에 보관하는 것은 금이 갈 위험이 있기 때문이다. 지금 상태가 괜찮다고 자꾸 치다보면 깨질 것이 분명하다. 종에 금이 가고 나서야 그만두면 아무 소용이 없다.

 3. 그래도 종을 쳐야 한다.

1975년 국립 경주 박물관으로 옮겨질 때 사람들은 아름답고 장엄한 종소리를 더 이상 들을 수 없게 되어 아쉬워했다. 종은 무리하지 않는 범위 안에서 꾸준히 쳐야만 수명이 더 길어진다. 그리고 종을 안전하게 관리해주고 잘 보관한다면 종을 치는 데 아무런 문제가 생기지 않을 것이다.

 4. 아무리 그래도 종을 치면 안 된다.

종은 소리만 내는 물건이 아니다. 미술품이며 우리 조상들이 가졌던 과학 기술이 모두 모여 만들어진 예술품이다. 그러므로 눈으로 감상하는 것도 아주 중요하다. 우리가 소리를 감상하려는 욕심 때문에 후손들에게 깨진 종을 물려 줄 수는 없다.

토론하기 종을 쳐야 할까요? 치지 말아야 할까요? 자기 생각을 밝히고, 그 까닭을 쓰세요.

역사에 비추어 보는 오늘

학습 내용 | 정해진 답은 없습니다. 자기 생각을 자유롭게 쓰세요.

◐ 우리나라 문화재이지만 다른 나라에 보관되어 있어 제대로 된 평가를 받지 못하는 문제에 대해 생각해 봅시다.

《왕오천축국전》, 1300여 년 만에 공개되다.

2010년 12월 국립 중앙 박물관에서 《왕오천축국전》이 세계 최초로 '실크로드와 둔황'이라는 이름으로 공개되었다. 8세기 신라 승려 혜초가 파미르고원 동쪽 실크로드를 여행하며 쓴 글과 유물들이 전시되었다. 2011년 3월 17일, 전시회가 끝나자 다시 프랑스로 보냈다.

생각열기 혜초가 지은 《왕오천축국전》은 프랑스 파리 국립 도서관에 있으며, 우리 것이라는 사실을 인정받지 못하고 있습니다. 중국에서는 혜초가 신라로 돌아가지 않고 장안에서 쓴 것이며 발견된 것도 둔황 석굴이기 때문에 자기 것이라고 주장합니다. 프랑스는 고고학자인 폴 펠리오가 석굴 관리자에게 돈을 주고 샀기 때문에 자기 것이라고 합니다. 《왕오천축국전》은 어느 나라가 진짜 주인일까요? 우리 것이라고 인정받을 수 있는 방법은 무엇일까요?

12 발해 건국, 남북국 시대를 열다

역사 연대기
692년 ㅣ 설총이 이두를 정리하고 《화왕계》를 지음
698년 ㅣ 대조영이 발해를 건국함
704년 ㅣ 김대문이 《화랑세기》와 《고승전》을 지음

학습 목표
① 발해 건국 과정을 알 수 있다.
② 대조영에 대해서 알 수 있다.
③ 발해와 신라 관계를 알 수 있다.
④ 발해 멸망 원인을 파악할 수 있다.

교과 연계
초등사회 5-2　　1. 우리 역사의 시작과 발전 _ 4) 삼국 통일과 발해의 건국
중등역사 1(비상)　3. 통일 신라와 발해의 발전 _ 2) 남북국의 성립과 발전
중등역사 1(미래엔)　3. 통일 신라와 발해의 발전 _ 3) 발해의 발전과 문화
중등역사 1(천재)　3. 통일 신라와 발해의 발전 _ 3) 발해의 건국과 발전

◀ 발해 교통로

역사 탐구

탐구 1 - 고구려 후손들, 발해를 세우다

만주를 손에 넣은 당나라는 고구려 멸망 때 끌려온 고구려 사람과 말갈족, 거란족을 랴오시 지방인 다링허(大凌河, 대릉하) 강가에 자리 잡은 영주성에 살게 했다. 영주는 당나라가 동북 지역으로 진출하는 관문이며, 교역 중심지였다. 당나라는 여러 민족이 살게 된 영주에 군대를 두어 통제했다.

▲ 발해 5경

영주에 살고 있던 사람들은 서로 처지를 이해하고 힘을 합치려고 했다. 당나라가 부리는 횡포에 맞서 거란족 이진충과 처남인 손만영이 반란을 일으켰고(696), 영주는 큰 혼란에 빠졌다.

이때 영주로 끌려가 살고 있던 조영과 아버지인 걸걸중상은 고구려 유민과 말갈 사람들을 이끌고 반란을 일으켜 영주를 탈출했다. 당나라는 관직과 작위를 주겠다며 회유했지만 듣지 않았다.

당나라 측천무후는 원정대를 보내 반란을 진압하려 했다. 말갈족을 먼저 공격해서 걸사비우를 죽이고 고구려 유민을 공격했다. 조영은 걸사비우가 이끌던 말갈인들과 고구려 유민을 합쳐서 지도자가 되었다. 군사를 부리는 기술이 뛰어난 조영은 당나라 군대를 '천문령'으로 끌어들인 다음 크게 승리했다. 조영은 둔화(동모산)에 도읍을 정하고 나라를 세웠는데, 위세가 사방에 떨쳐질 큰 나라라는 뜻인 '진국(振國, 震國)'이라고 불렀다. 왕이 된 조영은 성을 대(大)씨로 지어서 대조영이 되었다.

고구려가 멸망하고 30년 만에 고구려를 이은 나라가 만주에 세워졌다. 진국은 나라 이름을 발해로 바꾸었다. 옛 고구려 땅에는 발해가 자리를 잡고 대동강과 원산만을 경계로 남쪽에는 신라가 자리 잡아 남북국 시대를 열었다.

1. 발해를 세운 사람은 누구인가요?

2. 한반도 북부와 만주에는 발해가, 남쪽에는 신라가 자리 잡고 있던 시대를 무엇이라고 부르나요?

탐구 2 ― 발해가 당나라와 전쟁을 하다

당나라는 나라가 안정되자 발해를 견제하기 시작했다. 흑수말갈을 당나라 편으로 끌어들여 발해를 공격하려고 했다. 그러자 발해 무왕은 동생 대문예에게 먼저 흑수말갈을 공격하라고 했다.

대문예는 발해 건국을 축하하는 사신을 보낸 것에 대한 답례 사절로 당나라에 다녀온 적이 있었는데, 이때부터 당나라를 두려워했다. 그래서 흑수말갈을 공격하면 당나라와 더 큰 전쟁이 일어난다고 주장했다. 대문예는 군대를 이끌고 출병했으나 전투를 거부한 채 지휘관을 바꿔 달라고 했다.

무왕은 대문예가 명령을 따르지 않자 처형 명령을 내렸다. 그러자 대문예는 군대를 버리고 당나라로 도망쳐버렸다.

하지만 다시 군대를 보내 흑수말갈을 공격했고, 크게 승리한 발해는 흑수말갈로부터 공격하지 않겠다는 다짐을 받아냈다.

흑수말갈을 누른 무왕은 당나라로 도망친 대문예를 발해로 돌려보내라고 했다. 그러나 당나라는 이런저런 핑계를 대며 보내주지 않았다. 화가 난 무왕은 당나라를 치기 위해 거란에 사신을 보내 도움을 청했다.

732년에 장문휴가 수군 2만 명을 이끌고 당나라 덩저우(登州: 등주)를 공격했다. 발해군은 당나라 당의를 무찌르고, 덩저우 책임자인 위준을 죽였다.

▲ 장문휴의 덩저우(등주) 공격

탐구하기 당나라는 발해를 공격하기 위해 어떤 민족을 끌어들였나요?

역사 탐구

탐구 3 - 해동성국으로 발전한 발해

발해는 당나라와 대결하며 고구려 땅을 되찾아 갔다. 발해가 힘이 강해지자 당나라는 흑수말갈과 신라를 이용해 견제했다. 발해는 돌궐, 일본과 친하게 지내며 당나라, 신라에 맞서 힘을 키웠다.

문왕은 스스로를 황제라고 부르며 이안, 대흥, 건흥 등 독자적인 연호를 사용했다. 왕권이 강해지자 당나라, 신라와도 친선 관계를 맺고 문물을 주고받았다. 정치 기구는 당나라 3성 6부제에 바탕을 두었지만 명칭과 운영 방식은 발해 스스로 만들어 사용했다.

왕을 중심으로 행정을 담당하는 정당성, 선조성, 중대성, 이렇게 3성을 만들고 주자감을 두어 유교를 교육했다. 정당성은 6부를 둘로 나누어 좌사정으로는 충부, 인부, 의부, 우사정으로는 지부, 예부, 신부 등 중앙 관제와 지방 행정 조직을 정비해 국왕을 중심으로 하는 중앙 집권 체제를 갖추었다.

9세기 초가 되자 선왕은 말갈 세력을 누르고 요동, 연해주까지 진출해 전성기를 맞이했는데, 둘레 나라들은 발해를 동쪽 바닷가에 융성한 나라라는 뜻으로 '해동성국'이라고 불렀다.

넓은 땅을 가진 발해는 전략적으로 중요한 곳에 상경, 동경, 중경, 서경, 남경으로 이루어진 5경을 두었다. 그리고 나머지를 15부 62주로 나누어 지방관을 파견하고 촌락은 촌장이 직접 다스리게 했다.

10세기 당나라는 농민 반란으로 나라 힘이 약해져 멸망했다. 그러자 이 틈을 타서 힘을 키운 거란이 발해를 공격해 쳐들어왔다. 그때 발해 지배층은 권력 다툼에 빠져 거란이 쳐들어온 지 3일 만에 항복했다. 나라가 망하자 발해 유민은 고려로 망명하거나 새로운 나라를 세우며 부흥 운동을 전개했다.

탐구하기

1. 선왕 때 강한 나라가 된 발해를 둘레 나라에서는 무엇이라고 불렀나요?

2. 영토가 넓어진 발해는 전국을 어떻게 나누어 다스렸나요?

역사 해석

해석 1 ─ 발해와 신라는 사이가 나빴나?

발해가 세워지자 한반도 남쪽에는 신라가, 북쪽에는 발해가 2백 년이 넘도록 국경을 마주하게 되었다. 고구려를 이어 받은 발해는 고구려를 멸망시킨 신라와 사이가 좋지 않았다고 생각하기 쉽다. 하지만 두 나라 사이에는 큰 전쟁이나 외교 마찰을 빚었다는 기록이 전해지지는 않는다. 두 나라 사이는 어땠을까?

💡 신라와 교역로인 신라길이 있었다.

발해에서 다른 나라로 가는 교통로가 다섯 개 있었는데, '일본길, 신라길, 조공길, 영주길, 거란길'이었다. 발해는 이 길을 통해서 둘레 나라들과 무역을 했다. 이 가운데 '신라길'은 발해와 신라를 이어주는 길로, 발해 상경을 출발해 동경, 남경을 지나고 동해안을 따라 신라 금성으로 이어진다. 항상 다닐 수 있는 길이 있었기 때문에 사신과 상인들이 오가며 교류를 했다고 볼 수 있다.

💡 신라와 발해 국경에 관문을 설치했다.

신라와 발해 국경인 탄항에 두 나라 사이에 생기는 분쟁이나 교역을 의논할 수 있는 '탄항관문'을 세웠다. 또 당나라 덩저우에는 사신과 상인들이 머물 수 있는 신라관과 발해관이 나란히 있었다.

💡 신라와 발해 사이에 사신이 오갔다.

대조영이 발해를 세우자, 신라는 사신을 보내 대조영에게 대아찬 벼슬을 내리고 진골 귀족으로 우대했다. 또 신라에서 원성왕과 헌덕왕 때도 사신을 보냈다는 기록이 남아 있다.

국경을 마주하고 있던 발해와 신라는 때로는 맞서고, 때로는 서로 오가면서 성장했던 것이다. 우리가 알고 있는 것처럼 사이가 나빴다고만 볼 수 없다.

해석하기 발해와 신라 사이가 나쁘지 않았다는 주장에 대한 근거는 무엇인가요?

1)
2)
3)

역사 해석

해석 2 ▸ 고구려를 닮은 발해 문화

▲ 발해 석등

💡 **석등** 중국 헤이룽장성 흥륭사 터에 있는 석등은 높이가 6m에 이른다. 아랫부분인 하대석은 팔각형으로 되어 있고 불교를 상징하는 연꽃을 엎어놓은 모양으로 조각해 놓았다. 둥글게 깎은 석등 기둥 윗부분은 연꽃 두 겹이 불을 피우는 화사석을 떠받치고 있다. 화사석은 불빛이 사방으로 퍼져 나갈 수 있게 8면을 모두 창으로 뚫어 놓았고 지붕은 팔각으로 얹었다.

이 석등은 문왕이 상경으로 도읍을 옮겼을 때, 한 석공이 커다란 돌을 옮겨와 백일 동안 만든 다음, 불을 켜놓고는 행여 석등이 부서질까 봐 돌기둥 속으로 사라졌다는 전설이 있다. 석공이 자기 몸을 희생한 덕분인지 오늘 날까지도 부서지지 않고 궁궐마저 사라진 빈터에 당당하게 서 있다. 크고 균형 잡힌 모습이며 연꽃을 새겨 놓은 것으로 보아 고구려 미술 양식을 이어 받았다는 것을 알 수 있다.

💡 **무덤** 발해 무덤 가운데 문왕 둘째 딸 정혜 공주 무덤은 사각형이며, 위로 올라갈수록 줄어드는 모줄임천장으로 되어 있다. 이는 고구려 무덤과 비슷한 구조이다.

💡 **건축** 건물 지붕 용마루 끝에 세우는 치미 날개 부분에 줄무늬 여러 개를 넣고 꽃 장식을 한 것이 고구려 양식이고, 기와막새에 연꽃무늬를 끝이 뾰족하고 돌출되게 만든 것도 고구려 기와 양식을 이어받은 것이다. 또 고구려 사람들이 방바닥을 따뜻하게 하는 데 이용한 온돌이 발해 유적에서도 발견되었다. 이것도 발해가 고구려 문화를 이어받았다는 증거라고 할 수 있다.

▲ 발해 기와막새

발해는 이렇게 고구려 문화를 바탕으로 당과 말갈 문화를 받아들여 독자 문화를 만들었다.

✏️ **해석하기** 발해 석등이 고구려 문화를 계승한 사실은 무엇으로 알 수 있나요?

역사 토론

📍 전성기를 누리던 발해는 왜 갑자기 멸망했을까?

토론 내용 9세기 선왕 때 '해동성국'이라는 칭송을 들으며 전성기를 누리던 발해가 926년에 갑자기 멸망했다. 거란 침입 때문에 발해가 멸망했다고 하지만, 백두산 폭발 등 여러 가지 다른 설도 있다. 아직 정확하게 밝혀지지 않은 발해 멸망 원인은 무엇일까?

 1. 지배층 사이에 내분 때문이었다.

선왕 이후에는 '대이진, 대건황, 대현석, 대위해, 대인선'이라고만 하며, 왕이라는 호칭조차 제대로 붙이지 않았다. 왕을 왕으로 인정하지 않았다는 뜻이다. 지배층 사이에 내분으로 서로 다투느라 백성을 돌보지 않았고, 도둑 떼가 날뛰어 살기가 어려워졌다. 이렇게 어지러운 나라였으니 멸망하는 것은 당연하다.

 2. 백두산 폭발 때문이었다.

발해가 망할 무렵 백두산에 대폭발이 있었다. 백두산 화산재가 온 나라를 뒤덮어 농사를 지을 수도 없고 추워져서 사람이 살 수도 없게 되었다. 결국 백성들은 혼란에 빠졌고, 다른 나라로 떠나버렸다. 백성이 없어졌으니 나라가 멸망하는 것은 당연하다.

 3. 거란 침입 때문이었다.

힘을 키운 거란이 둘레 나라로 세력을 넓혀가는 과정에서 발해와 전쟁을 하게 되었고, 그 전쟁에서 패한 발해가 멸망한 것이다. 그래서 고려를 세운 왕건은 발해를 무너뜨린 원수라며, 고려에 온 거란 사신들을 옥에 가두고 선물로 보내온 낙타들을 만부교라는 다리 밑에 매어두고 굶겨 죽였다.

토론하기 전성기를 누리던 발해가 갑자기 멸망한 까닭은 무엇일까요? 자기 생각을 밝히고, 그 까닭을 쓰세요.

역사에 비추어 보는 오늘

학습 내용 | 정해진 답은 없습니다. 자기 생각을 자유롭게 쓰세요.

● 발해는 고구려 유민과 말갈족이 힘을 합쳐 세운 나라입니다. 이들이 어떻게 조화를 이루고 살았을까요? 오늘날 우리나라에 옮겨 와 살고 있는 외국인들과 어떻게 조화를 이룰 수 있을지 생각해 봅시다.

> 우리나라 최초로 만들어진 족보는 안동 권씨 족보이다. 1998년까지 우리나라 성(姓) 씨는 275개이며, 절반인 136개는 시조가 귀화 외국인으로 중국계가 125개로 가장 많다. 연안 인씨와 대구 빈씨는 몽골에서, 청해 이씨는 여진에서, 덕수 장씨와 경주 설씨는 위구르에서 왔다. 강, 나, 남, 오, 제갈 등 많은 성씨들이 중국이고, 화산 이씨와 정선 이씨는 베트남에서 왔으며, 우록 김씨는 일본에서 왔다. 외국인이 새로 만든 성과 본은 2005년 봉황 고씨, 안심 정씨 등이 등록됐다. 두드러진 성과 본을 보면 2006년 길림 사씨, 2009년 태국 태씨, 라주 라씨, 2010년 대구 호씨, 서생 김씨, 대마도 윤씨 등이 있다. 체, 총, 탄, 찬, 전대, 녕, 궁 등 단 한 명만 쓰는 성도 있다. 나라 이름이나 지명을 본으로 쓰는 것은 귀화자들이 한국식 성을 따르면서도 자신이 태어난 출신 지역을 남기고 싶어 하기 때문으로 풀이된다. 2010년 이후 결혼 이주민 등 한국 국적을 받은 외국인이 시조(始祖)가 되는 창성창본(創姓創本)이 점점 많아져 월평균 630건에 이르며 매년 7,000건을 넘어섰다.

생각열기 1. 매년 12월 18일은 UN에서 정한 '세계 이주민의 날'입니다. 전 세계 이주민에게 내국인과 동등한 자유와 권리를 보장하도록 하자는 게 제정 취지입니다. 결혼 이주민으로 한국에 와서 국적을 취득한 후 새로운 성과 본을 만드는 일이 많아졌습니다. 하지만 이들을 우리나라 국민이 아니라고 느끼는 사람들이 많습니다. 그 까닭은 무엇일까요?

> 초등학생 100명 가운데 2명 이상은 다문화 학생이다. 우리 사회는 빠른 속도로 다민족, 다문화 사회로 변하고 있다. 다문화 가정은 우리와 다른 민족 또는 다른 문화적 배경을 가진 사람이 포함된 가정을 말한다.

생각열기 2. '다문화 가정'이라는 말이 거부감이 없는 걸 보면 이제 우리나라는 한겨레 한 핏줄이라는 생각에서 벗어나야 할 때가 된 것 같습니다. 다문화 가정을 어떤 마음으로 바라봐야 할까요? 그렇게 생각하는 까닭도 써 보세요.

13 장보고와 최치원, 그리고 호족 등장

역사 연대기
822년 | 신라 김헌창이 난을 일으킴
828년 | 장보고가 청해진을 설치함
875년 | 당나라에 '황소의 난'이 일어남

학습 목표
❶ 장보고와 최치원을 이해할 수 있다.
❷ 신라 해상 무역 활동을 알 수 있다.
❸ 신라 골품 제도를 이해할 수 있다.
❹ 호족이 등장한 배경을 알 수 있다.

교과 연계

초등사회 5-2 　 **1. 우리 역사의 시작과 발전**
　　　　　　　　　　4) 삼국 통일과 발해의 건국

중등역사 1(비상) 　 **3. 통일 신라와 발해의 발전**
　　　　　　　　　　3) 신라 말의 동요와 후삼국의 성립

중등역사 1(미래엔) 　 **3. 통일 신라와 발해의 발전**
　　　　　　　　　　4) 신라 말의 동요와 후삼국의 성립

중등역사 1(천재) 　 **3. 통일 신라와 발해의 발전**
　　　　　　　　　　4) 신라의 동요와 후삼국의 성립

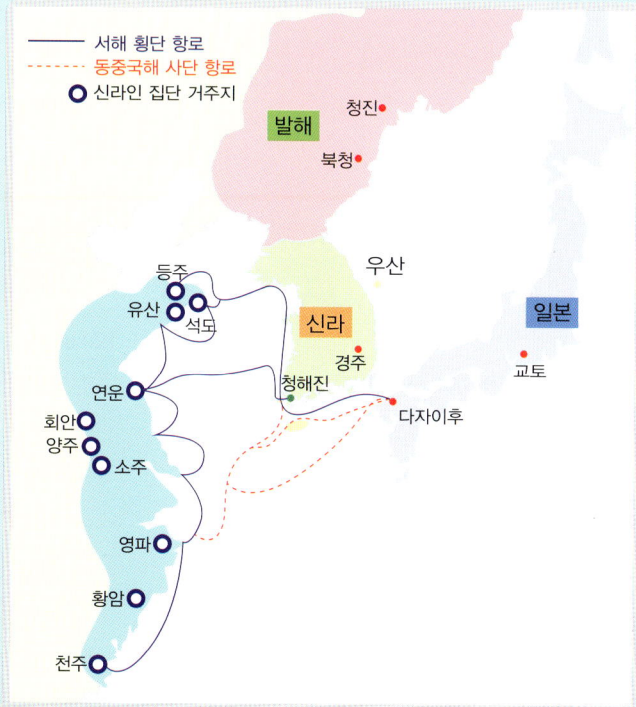

◀ 장보고 해상 교역로

역사 탐구

탐구 1 - 장보고

　신라 사람인 궁복은 친구 정년과 함께 당나라로 몰래 건너가 모진 고생 끝에 무령군 소장이라는 벼슬에 올랐다. 당나라 조정에서 장보고라는 이름도 받았다. 그때 당나라에서 무역으로 거래하는 것 가운데에는 노예도 있었는데, 해적들이 신라 백성을 끌고 와 노예로 파는 경우가 많았다. 장보고는 노예로 팔려간 백성들이 비참하게 지내는 것을 본 뒤 당나라 관직을 버리고 신라로 돌아왔다.

　장보고가 신라 흥덕왕에게 해적을 뿌리 뽑겠다고 하자, 흥덕왕은 군사 1만 명을 이끌 수 있는 대사 벼슬을 내려주었다. 장보고는 전남 완도에 청해진을 설치하고, 군대를 모아 성과 목책, 부두 시설을 만들었다. 당나라와 왜로 오가는 장삿길을 방해하고 백성을 잡아가는 해적들을 몰아냈다.

　청해진은 당나라와 왜를 오가는 무역 중심지가 되었는데, 청해진을 거치지 않고서는 무역을 할 수 없을 만큼 번창했다. 장보고는 청해진에서 물건을 사고파는 일만 하지 않고 청자 기술도 들여와 강진에서 만들어 내다 팔았다. 청해진에서 싣고 간 물건은 당나라에 세워진 신라방 23곳을 통해 아라비아까지 팔려나갔으며, 해상 무역로를 이용해 신라와 바다 비단길을 연결했다.

　그러나 신라 조정에서는 권력 다툼이 끊이지 않았다. 왕위 계승 다툼에서 밀려난 김우징이 청해진으로 와서 장보고에게 자신을 도와주면 딸을 태자비로 삼겠다고 했다. 서라벌로 쳐들어간 장보고는 왕을 죽이고 김우징을 신무왕으로 받들었다. 신무왕이 왕위에 올라 몇 달 만에 죽고 아들인 문성왕이 왕위에 오르자 경주 귀족들은 장보고 딸을 문성왕 부인으로 삼는 것에 반대했다. 천한 섬사람이라고 여기는 장보고가 권력을 잡는 것이 두려웠기 때문이었다.

　장보고는 무역을 담당하는 사신을 당나라에 보내고, 왜에도 무역을 의논할 사람을 보내기도 했다. 왕이 아닌데도 외국에 사신을 보낸 것이었다. 청해진이 번창하고 장보고 세력이 점점 커지자 불안을 느낀 신라 조정은 문성왕 8년인 846년에 염장을 보내 장보고를 살해하고 5년 뒤에는 청해진에 사는 주민을 전북 김제로 강제 이주시켰다.

> **탐구하기** 장보고가 청해진을 설치한 까닭은 무엇인가요?

탐구 2 - 골품 제도에 갇힌 신라

　신라는 골품 제도를 바탕으로 정치, 경제, 사회 등 모든 분야에 지배 질서가 연결되어 있었다. 왕위도 성골 남자만 이을 수 있었다. 하지만 진평왕을 이어 왕위에 오를 성골 남자가 없었다. 할 수 없이 여자인 덕만 공주가 왕위에 올라 선덕 여왕이 되었다. 선덕 여왕을 이을 성골 남자도 없어서 진덕 여왕이 왕위에 올랐다. 진덕 여왕마저 죽자 더 이상 왕위를 이을 성골이 없었다. 그래서 처음으로 진골인 김춘추가 왕위에 올랐고, 진골이 왕위를 이어갔다.

　귀족은 넓은 땅을 차지하고 많은 노비를 부렸다. 백성이 흉년과 전염병으로 굶어 죽어가도 귀족은 사치스러운 생활을 누렸다. 흥덕왕 때는 사치를 금지하는 명령을 내리기도 했는데, 진골 귀족들도 그릇이나 마차 등에 금이나 은을 사용하지 못하게 하거나, 자수를 놓은 옷감 등을 쓰지 못하게 했다.

　신라 사회를 지탱하고 있던 골품제는 신라 말기에 이르자 문제를 드러내기 시작했다. 진골이면 누구나 왕이 될 수 있다고 생각해 혜공왕 때부터 치열한 왕위 쟁탈전이 벌어졌다. 150년 동안 20여 명이나 왕이 바뀌었다.

　진골 귀족 수가 늘어나면서 6두품 귀족은 벼슬자리를 얻을 수 있는 기회가 더욱더 줄어들었다. 9세기 무렵에는 당에서 공부하고 돌아온 사람들도 많았다. 하지만 아무리 능력이 뛰어나도 출세 길이 막혀 있는 6두품은 최치원처럼 신라 조정에 등을 돌리고 은둔 생활을 했다. 또 후백제 건국에 앞장 선 최승우나 왕건과 손잡고 고려를 세운 최언위처럼 개혁을 꿈꾸며 새로운 사회를 건설하는 다른 세력과 손을 잡기도 했다. 벼슬길을 포기하고 승려가 된 사람들도 많았다.

　9세기 말이 되면서 신라 사회는 더욱더 혼란해졌다. 농민은 땅을 잃고 노예가 되었고, 무리를 지어 떠돌면서 도적이 되기도 했다. 진성 여왕 때는 도적질을 하는 농민이 전국으로 늘어났고, 이들은 여러 곳에서 반란을 일으켰다. 또 지방 세력 밑으로 들어가기도 했다.

 **탐구하기**　**1.** 신라에만 여왕이 있었던 까닭은 무엇인가요?

2. 골품 제도에 불만을 품은 6두품은 무엇을 했나요?

역사 탐구

탐구 3 - 최치원

6두품 중에는 벼슬을 포기하고 승려가 되거나, 정치에서 성공하는 대신 학문을 닦아 왕과 가까이 지내며 나라 운영을 돕는 경우가 많았다. 최치원도 6두품이었다.

최치원은 857년 경주에서 태어났다. 어려서부터 신동으로 소문이 자자했던 최치원은 12살에 당나라로 유학을 떠났다. 18살에 당나라에서 외국 유학생만 볼 수 있는 과거 시험인 빈공과에 합격했다. 합격한 후 당나라 지방 관리가 되었는데 황소의 난이 일어나자 진압군을 따라 싸움터에 나갔다. 최치원은 황소의 난을 진압하는 데 큰 공을 세웠다. 진압군 사기를 높이고 반란군 사기를 떨어뜨리기 위해 황소를 꾸짖는 '토황소격문'을 썼는데, 문장이 뛰어나 격문을 읽던 황소가 놀라서 침대에서 떨어졌다고 한다.

- **황소의 난** 당나라 말기에 황소가 이끈 농민 반란이다. 875년 산동에서 일어나 전국으로 퍼졌다. 황소가 왕위에 올랐으나 황소가 죽은 뒤 내부 분열로 885년에 무너졌다.
- **격문** 여러 사람들이 돌려 읽도록 하여 마음을 움직이게 만드는 글

그러나 신라 사람인 최치원이 당나라에서 할 수 있는 벼슬은 그리 높지 않았기 때문에 29세 때 신라로 돌아와, 6두품이 오를 수 있는 가장 높은 벼슬인 아찬이 되었다.

최치원은 어지러운 나라를 바로 잡기 위해 개혁안 '시무 10여 조'를 진성 여왕에게 올렸다. 그러나 귀족들이 반대해 받아들여지지 않았고, 오히려 귀족들은 최치원을 의심하고 시기했다. 좌절한 최치원은 모든 것을 버리고 떠돌다가 가야산 해인사로 들어가 버렸다. 전국에 흔적을 남겼는데 부산 해운대는 최치원의 호인 '해운'에서 따온 것이다.

최치원은 글씨를 잘 썼으며, 여러 바위에 금석문을 남기기도 했다. 유교를 공부했지만 말년에는 불교와 선사상에 심취했다.《계원필경》이라는 한시문집을 남겼으며,《난랑비서문》은 신라 화랑도에 대해 알 수 있는 귀중한 자료이다.

최치원은 신라가 안고 있는 문제점을 알았지만, 골품제에 가로막혀 개혁에 앞장서지 못하고 벼슬을 버릴 수밖에 없었다. 이와 다르게 신라에 등을 돌리며 새로운 사회를 건설하는 데 앞장 선 6두품 지식인도 많았다.

 **탐구하기**

1. 당나라에서 외국인을 위해 여는 과거로 최치원이 합격한 시험은 무엇인가요?

2. 최치원이 진성 여왕 때 어지러운 나라를 바로 잡고자 작성한 개혁안은 무엇인가요?

역사 해석

해석 1 — 호족은 왜 등장할 수밖에 없었나?

첫째, 왕위 다툼으로 나라가 혼란해졌기 때문이다.

왕권이 약화되기 시작하자 경덕왕은 아버지인 성덕왕 시절처럼 강력한 왕권을 세우려고 '성덕대왕신종'을 만들려고 했으나 완성을 보지 못하고 아들인 혜공왕 때가 되어서야 비로소 완성했다. 하지만 왕위 다툼으로 혜공왕이 암살당한 이후 신라 왕실은 혼란에 빠져들었다.

9세기 초가 되자 신라 왕실은 지배력이 급격하게 떨어져 전국에서 농민이 난을 일으켰고, 822년에는 아버지인 김주원이 왕위를 잇지 못한 것에 반발해 김헌창이 반란을 일으켰다.

둘째, 지방 세력이 성장했기 때문이다.

왕권이 약해지고 왕위 다툼이 치열해지면서 혼란해지자 지방 세력은 경제력과 군사력을 바탕으로 힘을 키우기 시작했다. 그 가운데에는 중앙에서 권력 다툼을 하다가 쫓겨서 지방으로 내려간 귀족도 있고, 청해진에 장보고와 황해도에 왕륭처럼 상업과 교역이 활발한 곳이나 군사 본부가 있는 곳에서 세력을 키운 사람도 있었다. 또 죽주에 기훤처럼 떠돌아다니는 농민을 모아 세력을 키운 도적 우두머리도 있었다.

셋째, 백성이 지방 세력 밑으로 모였기 때문이다.

지방 세력들은 자기 지방을 다스리며 세금을 받았고 백성을 지배했다. 백성들도 자신들을 지켜주는 힘센 지방 세력을 따르기 시작했다. 이런 지방 세력들을 '호족'이라고 부른다. 호족들은 골품제에 막혀 불만이 많았던 6두품, 새롭게 유행하던 불교 종파인 선종 승려와 힘을 합치며 세력을 키워나갔고, 성을 쌓고 스스로를 성주나 장군이라 불렀다. 이들은 신라 왕실을 더 이상 따르지 않았다. 세력이 커진 호족들 가운데 신라 지배를 부정하고 새로운 세상을 꿈꾸는 사람들이 생기기 시작했다.

해석하기 백성들이 호족들을 따른 까닭은 무엇인가요?

역사 해석

해석 2 — 장보고를 왜 '해상왕'이라 부를까?

장보고가 해적을 소탕하자 바닷길이 안전해졌다. 해적은 장보고 선단을 만나면 깃발만 보고도 두려워 도망갈 정도였다. 그러자 아라비아 상인도 마음 놓고 신라와 당나라를 오가며 활발하게 무역을 했다.

그 무렵 신라 사람은 당나라 산둥에서 저장성 닝보로 이어진 해안 도시들에 살고 있었다. 신라 사람이 사는 마을인 신라방과 신라촌을 만들었고, '신라소'라는 행정 기관을 만들어 신라 사람을 관리자로 삼아 스스로 다스렸다.

장보고는 고구려, 백제, 신라 출신을 따지지 않고 뭉치게 하려고 산둥 반도 문등현 적산촌에 세운 법화원을 비롯해 신라 사람이 사는 곳마다 절을 세웠다. 이들은 배 만들기와 수리하기, 숯 운반, 장사와 농업 등에 종사하며 청해진을 오가는 무역 선단을 지원했다. 그 지원을 바탕으로 비단, 두루마기, 채색 비단, 흰 앵무새, 금은 세공 그릇, 공작 꼬리, 물소 뿔, 거북 껍질, 양모 제품, 페르시아 직물, 자단 목재, 당나라 카펫, 에메랄드 등을 청해진으로 들여왔다.

'과하마'라는 작은 말, 약재인 우황·인삼, 바다표범 가죽, 금, 은, 사냥매인 해동청, 개, 고급 옷감, 베, 머리털 등을 싣고 덩저우를 시작으로 양쯔강 지역에 양저우, 중국 강남에 항저우와 광저우까지 정기 항로를 열었다.

또 왜에는 칼, 금, 은, 세발짜리 솥, 비단, 명주, 베, 가죽, 말, 개, 노새, 말안장, 버선 등과 같은 신라 물건과 당나라에서 향료, 약품, 낙타 같은 물건을 사서 보내고 명주 등을 들여왔다.

장보고 무역 선단은 당나라, 신라, 왜, 발해로 이어지는 해상 무역 중심부인 청해진에 거점을 두고 번영을 이끌었다. 인도, 아라비아까지 교역하며 신라를 해상 왕국으로 만들었다. 장보고 도움을 받아 당나라에 유학을 다녀온 일본 승려 엔닌은 장보고가 인품이 높은 사람이라는 글을 남겼고, 당나라 시인 두목도 장보고가 덕이 높은 사람이라고 칭송했다. 하지만 해상왕 장보고가 살해된 뒤 신라 무역은 쇠퇴했고, 나라도 점점 힘을 잃어갔다.

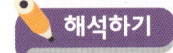 **해석하기** 장보고를 '해상왕'이라고 부르는 까닭은 무엇인가요?

역사 토론

📍 **최치원이 은둔한 것은 어쩔 수 없는 선택인가? 비겁한 외면인가?**

토론 내용 최치원은 '시무 10여 조'를 진성 여왕에게 올렸으나 받아들여지지 않자 벼슬을 버리고 은둔했다. 그리고 가야산에 들어가 산신이 되었다는 전설만 남아 있다.

토론 1. 어쩔 수 없는 선택이었다.

아무리 나라를 바로잡을 대책을 내놓아도 귀족들이 불리할까봐 받아들여 주지 않았다. 나라를 위해서 아무것도 할 수 없었기 때문에 은둔 생활을 선택한 것이다.

토론 2. 아니다. 비겁한 외면이다.

진골 귀족이 나라를 망치고 있다고 해도 바른 말을 하는 신하가 있어야 그들이 긴장할 것이다. 대책을 내놓고 받아들여지지 않는다고 떠나 버린 것은 비겁한 외면이다.

토론 3. 그래도 어쩔 수 없는 선택이었다.

진성 여왕도 처음에는 최치원이 내놓은 대책을 받아들이려고 했지만 진골 귀족이 반대하니 뜻을 거두어들였다. 왕도 이기지 못하는 귀족 세력에 6두품인 최치원이 혼자 맞설 수 없었을 것이다.

토론 4. 아무리 그래도 비겁한 외면이다.

6두품은 진골 귀족 다음 가는 위치로 자기 자리에서 할 수 있는 것을 하다보면 시간이 걸리더라도 나라가 조금씩 바뀌었을 것이다. 자기 자리에서 최선을 다할 생각은 하지 않고 떠날 생각만 한 것은 책임을 다하지 못한 것이다.

토론하기 최치원이 은둔한 것은 어쩔 수 없는 선택인가요? 비겁한 외면인가요? 자기 생각을 밝히고, 그 까닭을 쓰세요.

역사 에 비추어 보는 오늘

학습 내용 | 정해진 답은 없습니다. 자기 생각을 자유롭게 쓰세요.

장보고는 한국, 중국, 일본 세 나라 역사책에 모두 기록되어 있다.

일본 엔닌 스님은 《입당구법순례행기》에 장보고에게 입은 은혜가 태산과 같다며 寶(보배 보), 高(높을 고) 자를 썼고 신처럼 숭배했다. 또 일본에 장보고를 기리는 적산 선원을 세웠다.

당나라 시인 두목은 장보고를 명철하고 동방에서 가장 성공한 사람이라고 했다. 나라가 위기에 처했을 때 사심을 버리고 희생하여 구한 위인이라며 장보고 전기를 지어 후세에 전했다.

하지만 우리나라 역사책인 《삼국사기》에는 장보고를 '궁복', 《삼국유사》에서 '궁파' 등으로 성도 없이 표기해 천한 사람임을 나타냈으며, 반란을 일으킨 반역자로 묘사했다.

▲ 장보고

중국 산둥성에 있는 장보고 기념관은 장보고가 세운 법화원에 있다. 중국이 약 52억 원을 들여 만들었다. 중국 관리는 '1년에 장보고 기념관을 찾는 한국인 관광객이 5만 명 정도밖에 안되지만 중국인 방문객은 20만 명이 넘고, 많을 때는 50만 명이 찾아오기도 한다. 장보고는 중국 사람들에게도 무령군 소장으로 활약한 영웅이며, 해적을 소탕한 이야기는 중국에서도 유명하다.'며 기념관을 관리하는 것을 자랑스러워했다.

유네스코 세계 문화유산이며, 일본 불교 성지인 엔랴쿠지(延曆寺)에는 장보고를 기리는 비석이 서 있다. 엔닌 스님을 도와준 장보고를 기념하는 비를 세우고 싶다는 일본 사람 부탁을 받아 전남 완도군에서 기증한 것이다. 또 이 절에 있는 적산명신은 장보고를 기리는 것인데, 일본 사람들에게 재물 신으로 추앙받고 있다.

또 동양 역사학자인 미국인 라이샤워는 장보고를 '해양 상업 제국 무역왕'으로 칭송했다.

우리나라에서도 장보고를 기리는 기념사업이 이어지고 있다. 청해진이 있던 장도를 복원하고, 장보고 기념관과 동상을 세웠다. 또 개척 정신과 도전 정신을 기리려고 남극 과학 기지를 장보고 기지라고 부르고 잠수함에도 이름을 붙여 장보고함이라 부른다.

✂ 생각열기 오늘날 높게 평가 받는 장보고를 《삼국사기》에서 반역자로 묘사한 까닭은 무엇일까요?

14 후삼국 시대가 열리다

역사 연대기
900년 ｜ 견훤이 후백제를 세움
901년 ｜ 궁예가 후고구려를 세움
918년 ｜ 왕건이 고려를 세움
936년 ｜ 왕건이 후삼국을 통일함

학습 목표
❶ 후삼국 시대 전개 과정을 알 수 있다.
❷ 역사는 기록하는 사람에 따라 달라진다는 것을 알 수 있다.
❸ 고려가 후삼국을 통일한 의미를 알 수 있다.
❹ 경순왕이 고려에 스스로 나라를 넘긴 것이 옳은 일인지 생각해 볼 수 있다.

교과 연계
- 초등사회 5-2 　 **2. 세계와 활발하게 교류한 고려**_ 1) 후삼국 통일
- 중등역사 1(비상) 　 **3. 통일 신라와 발해의 발전**_ 3) 신라 말의 동요와 후삼국의 성립
- 중등역사 1(미래엔) 　 **3. 통일 신라와 발해의 발전**
　　　　　　　　　　4) 신라 말의 동요와 후삼국의 성립
- 중등역사 1(천재) 　 **3. 통일 신라와 발해의 발전**_ 4) 신라의 동요와 후삼국의 성립

◀ 고려 건국과 후삼국 통일

역사 탐구

탐구 1 - 후백제를 세운 견훤

887년 진성 여왕이 왕위에 올랐을 때, 신라는 왕위 다툼으로 왕권이 크게 약화되어 있었다. 이듬해에는 큰 흉년마저 들어 세금이 거두어지지 않아 국가 재정이 나빠졌다. 왕이 세금을 내라고 재촉하자, 세금을 감당할 수 없게 된 백성은 땅과 집을 잃고 떠돌아다니거나 도적이 되었고, 곳곳에서 반란이 일어났다. 사벌주(경상북도 상주) 지방에서 원종과 애노가 봉기했고, 북원(강원도 원주)에서는 양길이, 죽주(경기도 안성)에서는 기훤이 신라에 반기를 들었다. 견훤과 궁예는 각각 후백제, 후고구려를 세웠다. 이때부터 신라, 후백제, 후고구려 세 나라가 힘을 겨루는 후삼국 시대가 되었다.

견훤은 867년 경상도 상주에서 태어났다. 견훤의 아버지는 농민이었으나 장군이 된 아자개였다. 견훤도 서쪽 남해(전라남도)를 지키는 군인이 된 후, 무진주(전라남도 광주)를 점령하는 등 독자적인 세력을 키웠다.

효공왕 4년인 900년에 완산주(전라남도 전주)에 들어가 "당나라와 신라가 합세해 백제를 멸망시켰다. 내가 이제 완산에 도읍해 오랜 분노와 원한을 씻어주겠다."라며, 나라 이름을 '후백제'라 했다. 옛 백제 지역에 사는 호족과 백성은 신라가 지배하는 것을 좋아하지 않았기 때문에 백제를 계승했다는 견훤을 따랐다.

완산주에 도읍을 정한 견훤은 관직과 관청을 설치하고 오월(남중국)과 왜에 사신을 보내 외교 관계를 맺는 등 국가 체계를 잡았다. 또 강력한 군사력을 앞세워 전라도와 충청도, 경상도 서쪽 지역까지 차지했다.

927년 견훤은 신라 수도인 경주로 쳐들어가 신라 경애왕을 자결시키고, 경순왕을 새로운 왕으로 세웠다. 그러나 930년 고창(경상북도 안동)에서 왕건에게 크게 패한 뒤 후백제는 차츰 세력이 약해졌다. 이때 견훤에게 불만을 품었던 일부 호족이 고려로 투항하면서 영토 손실도 커졌다.

935년 견훤이 막내인 금강에게 왕위를 물려주려고 하자, 이에 불만을 품은 맏아들 신검은 견훤을 금산사에 가두었다. 금산사에서 탈출한 견훤은 왕건에게 항복하고, 왕건이 신검을 칠 수 있도록 도와주어 후백제를 멸망시켰다. 견훤은 신검을 죽이려고 했지만 왕건은 항복한 자를 죽일 수 없다며 반대했다. 그러자 분노한 견훤은 시름시름 앓다가 충남 황산(충청남도 논산)에 있는 절에서 등창으로 죽었다.

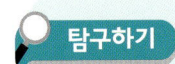 견훤이 후백제를 세운 곳은 어디인가요?

탐구 2 - 후고구려를 세운 궁예

궁예는 신라 47대 헌안왕과 궁녀 사이에서 태어났다고도 하고, 48대 경문왕 아들이라고도 한다. 또 장보고 딸과 신라 46대 문성왕 사이에서 태어났다는 이야기도 있다.

음력 5월 5일인 단옷날 궁예가 태어났다. 그때 이상한 빛이 나타났고, 아이는 태어나자마자 이가 나기 시작했다. 일관이 나라에 해로운

> **일관** 천문학과 점성을 담당하는 관리

사람이 될 것이라고 왕에게 말하자, 왕은 아기를 죽이라고 명령했다. 아기를 살리기 위해 궁 밖 난간 밑으로 떨어뜨렸지만, 아기를 받던 유모 손가락에 눈이 찔려 한쪽 눈이 멀게 되었다. 그 뒤 세달사에 들어가 승려 생활을 하던 궁예는 891년 지방 호족인 기훤 밑으로 들어갔다. 하지만 푸대접에 참지 못하고 강원도 북원에서 큰 세력을 가지고 있던 양길 부하로 들어갔다. 그곳에서 장수로서 뛰어난 기량을 보이자 따르는 무리가 많았다. 이에 양길과 헤어져 독자 세력을 만들었다.

896년 송악 태수 왕륭이 아들 왕건과 함께 항복했고, 양길을 몰아낸 후 국원(충청북도 충주)을 포함해 30여 성을 얻었다. 901년 송악을 차지한 궁예는 왕성을 쌓고 고구려를 잇는다는 뜻으로 '후고구려'를 세우고 왕이 되었다. 궁예는 부하와 동고동락하며 공평하게 대했기 때문에 신라에 등을 돌린 백성들 마음을 얻는 데 성공했다. 904년에 나라 이름을 '마진'이라 했고, 그 이듬해 송악에서 철원으로 도읍을 옮겼다. 911년에는 나라 이름을 '태봉'으로 고쳤는데, 태봉은 '서로 뜻을 함께해 편히 사는 세상'을 뜻했다.

궁예는 강원도, 경기도, 황해도, 평안도와 충청도 일부까지 영토를 넓혀 후삼국 가운데 가장 넓은 지역을 거느리게 되었다. 태봉으로 나라 이름을 바꾸면서 궁예는 강력한 중앙 집권제로 개혁을 추진했는데, 왕권이 강해지면서 호족들과 갈등이 생겼다.

그때부터 자신을 미륵불이라 칭하며, 사람들 마음을 읽는다는 '관심법'으로 자신에게 반대하는 사람들을 탄압하기 시작했다. 정책에 반대하는 왕비와 아들, 그리고 고승인 석총과 경미를 죽였다. 신하와 백성이

> **미륵불** 미래에 나타나서 중생(사람)을 비롯한 모든 살아 있는 존재를 구원해 주는 부처

등을 돌리기 시작하자, 918년 왕건에 의해 쫓겨나 도망가다가 부양(강원도 평강)에서 죽임을 당했다.

탐구하기 궁예는 911년 나라 이름을 무엇으로 바꾸었으며, 이것은 어떤 뜻을 가졌나요?

역사 탐구

탐구 3 - 후삼국을 통일한 왕건

왕건은 송악 태수 왕륭과 어머니 한씨 사이에서 태어났다. 송악은 예성강 포구와 서해가 가까이 있어 뱃길을 이용하여 무역하기가 편리했다. 왕건 집안은 송악에서 많은 재산과 세력을 얻었던 호족이었다. 나라가 혼란스러운 틈을 타 궁예가 군사를 일으켜 한반도 중부 지방을 중심으로 세력을 키워 나가자 왕륭도 왕건을 데리고 궁예 밑으로 들어갔다.

왕건은 전쟁에서 많은 공을 세워 궁예로부터 신임을 얻었다. 903년 왕건은 수군을 거느리고 전라도 금성(나주)을 점령했다. 후백제 땅에 후고구려 기지를 만들어 후백제 군대를 갈라 놓았을 뿐만 아니라, 바다를 통한 활동을 막아 후백제를 크게 약화시켰다. 이후에도 많은 전투에서 승리를 한 왕건은 공을 인정받아 913년 36살에 시중이라는 벼슬에 올랐다. 하지만 궁예가 포악한 정치를 일삼자 홍유, 배현경, 신숭겸, 복지겸 등을 이끌고 궁예를 내쫓았다.

918년 6월 왕건은 철원에서 왕위에 올라 고구려를 이었다는 뜻으로 나라 이름을 '고려'라 했다. 왕위에 오른 왕건은 호족들에게 높은 벼슬이나 왕씨 성을 주었으며, 호족 딸과 결혼해 사돈 관계를 맺었다. 또한 계속된 전쟁으로 고통 받던 백성들에게 궁예 때 내던 세금보다 3분의 2를 줄여 주며 민심을 자기편으로 만들려고 애를 썼다.

이듬해인 919년 왕건은 도읍을 고향인 송악으로 옮겨 정치와 군사 기반을 다졌다. 이미 힘을 잃은 신라와는 사이좋게 지내고 후백제와는 맞섰다. 927년 견훤이 신라를 침범하자 구원병을 보냈지만 막지 못하고 후백제에 크게 패했다. 그러나 930년 고창(경상북도 안동) 전투에서 견훤에게 크게 승리하면서 후백제보다 더 강한 나라가 되었다.

경순왕으로부터 초청을 받아 3개월간 신라에 머문 왕건은 경순왕과 신라 귀족에게 많은 선물을 주며 마음을 얻었다. 또한 군사들도 견훤이 침략했을 때와는 달리 민가를 전혀 침입하지 않아, "예전 견훤이 왔을 때는 승냥이와 호랑이를 만난 것 같았는데, 지금 왕공(王公)이 오니 부모를 뵙는 것 같다."며 왕건을 칭송할 정도로 민심도 얻었다.

935년 왕위에서 쫓겨난 견훤이 투항해오자, '존경하는 아버지'라는 뜻인 '상부'로 부르며 따뜻하게 맞아들였다. 다음 달엔 경순왕이 스스로 나라를 고려에 넘겨주었다. 936년 견훤과 함께 일리천(경상북도 구미) 전투에서 신검이 이끄는 후백제군을 물리치고, 후삼국을 통일했다.

 왕건이 호족을 끌어들이기 위해 노력한 일들은 무엇인가요?

역사 해석

해석 1 ─ 궁예는 정말 미치광이 왕이었을까?

역사에는 궁예가 포악한 미치광이기 때문에 왕건에게 쫓겨났다고 기록되어 있다. 하지만《삼국사기》궁예전에는 '부하와 고생과 기쁨을 함께 나누었으며, 자기 욕심만을 채우지 않았다.'고 전한다. 또 광산 이씨 역사책인《광산 이씨 소고》에는 다음과 같이 적혀 있다.

> 918년(신라 경명왕 2년)이 되자 태봉국 조정은 왕건을 따르는 사람이 대부분을 차지하고 민심도 유리해지자, 왕건 일파는 왕이 미쳐서 관심술을 부리며, 왕비와 태자를 죽였다는 유언비어를 만들어 퍼뜨렸다. 미친 사람에게 나랏일을 맡길 수 없다며 반란을 일으켰다.
>
> 다급해진 궁예는 몇 안 되는 군사와 궁궐을 빠져나와 명성산에서 왕건과 맞섰다. 그러나 명성산을 둘러싼 반란군을 본 궁예는 전세가 이미 기울었음을 깨닫고, 군사들에게 흩어지라는 명령을 내렸다. 떠나는 군사들 울음소리가 온 산에 울려 퍼졌다. 지금도 비바람이 부는 날에는 울음소리가 들린다고 해서 그 산을 울음산(명성산)이라고 부른다.
>
> 평강 쪽으로 도망치던 궁예는 죽창에 찔려 죽었으나, 말 위에 꼿꼿이 앉아 있었다. 왕건이 달려와 조문을 했으나 시신이 움직이지 않았다. 할 수 없이 똑바로 선채로 관에 넣고 높이가 수십 길이나 되는 무덤을 만들었다. 정중히 장례를 지내고 해마다 제사를 올렸다.

당시 백성에게 미륵은 구원자였다. 궁예는 미륵 사상으로 나라를 다스리려 했다. 백성을 억누르는 호족과 불교를 개혁하고, 왕이 백성을 직접 다스리는 중앙 집권제를 실시하려 했다. 그러자 불만을 품은 불교 세력과 호족이 왕건을 중심으로 뭉쳐 궁예를 몰아낸 것이다.

명성산을 비롯해 태봉국이 있던 철원과 포천 지역에 궁예를 기리는 땅 이름과 전설들이 많다. 또 왕건이 궁예를 몰아내자 왕건에 반대하는 반란이 잇달아 일어났다. 도읍을 철원에서 송악으로 다시 옮긴 것을 보면 궁예를 따르는 사람이 많았다는 것을 알 수 있다.

역사는 이겨서 살아남은 사람이 쓰는 것이라는 뜻으로 '승자가 하는 기록'이라고 한다. 이긴 왕건에게 유리하도록 역사를 기록했기 때문에 궁예를 미치광이라고 했을 수도 있다.

해석하기 역사에는 왕건이 충신으로, 궁예는 폭군으로 기록되어 있다. 그것은 역사가 가진 어떤 특성 때문인가요?

역사 해석

해석 2 ─ 고려 통일은 신라 통일과 어떻게 다른가?

첫째, 실질적인 삼국 통일이다.

신라도 삼국을 통일했다. 하지만 고구려 유민이 신라 북쪽에 발해를 세웠기 때문에 고구려 영토와 백성 대부분은 포함되지 않은 불완전한 것이었다.

926년 멸망한 발해 사람이 고려로 몰려왔다. 당시 고려에 온 발해 유민은 관리, 장군, 학자, 승려 등 다양한 계층이었는데, 왕건은 모두 받아들여 후삼국 통일에 활용했다. 934년에 발해 마지막 세자인 대광현이 유민 수만 명을 이끌고 망명하자 고려와 한 뿌리로 여겨 '왕'씨 성을 주며 고려 왕실 사람으로 받아들였다. 또 발해 신하들에게도 벼슬을 내리며 예우했다.

둘째, 새로운 지배 세력이 나타났다.

신라는 통일에 앞장섰던 귀족이 통일 이후에도 골품제를 중심으로 권력을 독차지하고 있었다. 그래서 지방에 있던 호족은 힘이 약했다. 하지만 통일 신라 말기 혼란스런 상황을 틈타 서서히 힘을 키운 호족이 중앙에서 독립하며 새로운 지배 세력이 되었다.

후삼국 시대에는 지방 호족을 중심으로 신라 왕조를 뒤엎고 새로운 사회를 건설하려는 분위기가 있어 호족들 지지를 더 많이 받는 쪽이 전쟁에서 승리할 수 있었다. 군사력이 앞선 견훤이나 궁예가 후삼국을 통일할 가능성이 높았지만 왕건이 승리자가 될 수 있었던 것도 지방 호족을 자기편으로 끌어들이는 데 힘을 쏟았기 때문이었다. 호족을 숙청하고 강력한 왕권을 추구하던 궁예는 호족들 반란으로 쫓겨났고, 신라 장군 출신으로 기존에 있던 신라 군사 조직을 기반으로 세력을 얻은 견훤은 패배했다.

셋째, 자주 통일이다.

고려는 외세를 끌어들이지 않고 스스로 통일했다. 신라는 당나라로부터 전쟁에 도움을 받은 대가로 대동강 이북 땅을 넘겨주었고, 당나라를 대국으로 섬긴다고 약속했다. 그러나 고려는 신라로부터 스스로 항복을 받았고, 견훤을 앞세워 후백제를 무너뜨렸다. 또 발해 유민을 받아들여 청천강 북쪽까지 영토를 넓혔다.

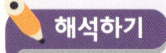 **해석하기** 고려 통일이 신라 통일과 다른 점은 무엇인가요?

역사 토론

📍신라 경순왕이 고려 왕건에게 항복한 것은 잘한 일인가?

토론 내용 경순왕은 점점 영토가 줄어들고 국력이 약화되자, 스스로 나라를 지키기 어려워 고려에 항복하기로 결정했다. 아들인 마의 태자는 끝까지 반대했으나, 경순왕은 935년 신하들을 거느리고 개경으로 가서 항복했다. 천 년 역사를 자랑하던 신라가 사라지고 말았다.

토론 1. 잘했다.

전쟁을 한다면 자신도 생명이 위험하고 많은 군사와 백성이 희생된다. 백성을 지키기 위해 항복을 한 것이다.

토론 2. 아니다. 잘못했다.

아무리 나라 힘이 약해도 온 힘을 다해 저항한다면 나라를 지킬 수도 있는데, 한 번도 싸우지 않고 항복을 한 것은 잘못된 결정이다. 천 년 동안 신라를 지키기 위해 죽어간 사람을 생각해서라도 왕이 스스로 나라를 포기하는 것은 안 된다.

토론 3. 그래도 잘했다.

그 당시 신라는 겨우 경주 일대만 지배력이 미치고 있었을 뿐이었다. 군대도 없고 영토도 없어졌기 때문에 끝까지 저항했다 해도 고려에 멸망할 수밖에 없었을 것이다. 게다가 민심이 이미 왕건 쪽으로 기울었다. 고려에 나라를 넘기는 것을 백성들이 더 원했기 때문에 항복한 것이다.

토론 4. 아무리 그래도 잘못했다.

나라가 망한 뒤 경순왕은 태조 왕건 딸과 혼인해 태자보다 높은 지위인 정승공에 봉해졌고, 90세가 넘도록 호의호식하다가 고려인으로 죽었다. 나라가 망했으니 좋은 옷과 기름진 음식을 먹을 수 없다며 삼베옷을 입고 풀뿌리와 나무껍질을 먹었던 마의 태자 모습과는 완전히 달랐다.

토론하기 신라 경순왕이 고려 왕건에게 항복한 것이 잘한 일인가요, 잘못한 일인가요? 자기 생각을 밝히고, 그 까닭을 쓰세요.

역사에 비추어 보는 오늘

학습 내용 | 정해진 답은 없습니다. 자기 생각을 자유롭게 쓰세요.

◆ 궁예가 뛰어났지만 호족들과 어울리지 못했던 것처럼 다른 사람들과 어울리지 못하는 것에 대해 생각해 봅시다.

어떤 고등학교 축구부에 서로 경쟁이 심한 두 선수가 있었다. 한 선수는 등번호 20번을 달고 있었고, 한 선수는 등번호 9번을 달고 있었다. 20번 선수는 어릴 때부터 축구 천재라는 말을 들을 정도로 재능이 뛰어났다. 9번 선수도 열심히 노력해 어느 정도 축구를 잘하기는 했지만, 20번 선수보다 잘하지는 못했다.

20번 선수는 자기 재능이 뛰어나기는 해도 연습을 게을리하면 잘하지 못한다고 생각해 오직 축구만 연습했고, 그 결과 축구 실력이 더 좋아지게 되었다. 상대편 문전에서 20번 선수가 공을 잡기만 하면 골이 들어가는 것은 식은 죽 먹기였다. 선생님들이나 학생들은 모두 20번 선수 때문에 축구 대회에서 우승할 것이라고 믿었다.

반면 9번 선수는 축구는 11명이 뛰는 경기이므로 실력도 중요하지만, 같은 편 선수끼리 호흡이 잘 맞아야 한다고 생각해 연습 중간 중간에 같이 어울려 놀기도 했다. 20번 선수는 열심히 연습하지 않으니까 축구를 잘하지 못하는 것이라고 핀잔을 주기도 하고, 감독 선생님께도 일러 바쳐서 놀고 있던 선수가 벌을 받기도 했다. 벌을 받은 선수가 20번 선수에게 싫은 소리를 했지만, 20번 선수는 축구 대회에서 우승하기 위해서는 연습을 열심히 해야 하는데, 그렇지 못했기 때문에 놀았던 선수가 벌을 받는 것은 당연하다고 생각했다.

드디어 축구 대회가 열리고 결승전에 올랐다. 이 학교는 학생, 선생님, 학부모 모두 자기네 학교가 우승을 하게 될 것이고, 20번 선수가 최우수 선수가 될 것이라고 생각했다.

하지만 결승전이 시작되자, 이 학교 선수들은 아무도 20번 선수에게 패스를 해 주지 않았다. 대신 9번 선수에게만 패스를 해 주었고 두 골이나 넣었다. 이 학교는 결국 2대 1로 이겼고, 최우수 선수라는 영광은 9번 선수가 차지했다.

생각열기

1. 20번 선수에 대한 자기 생각을 써 보세요.

2. 20번 선수에게 해 주고 싶은 말을 써 보세요.

첨삭 지도

학습 가이드 & 예시 답안

살아있는 역사 재미있는 논술
❶ 인류 등장에서 후삼국 통일까지

첨삭 지도

01 인류 등장과 신석기 농업 혁명

탐구 1 지구 탄생과 인류 등장
- **탐구하기 1** 약 4백만 년 전
- **탐구하기 2** 오스트랄로피테쿠스 → 호모에렉투스 → 호모사피엔스

탐구 2 사람이 살기 시작한 한반도
- **탐구하기 1** 약 70만 년 전
- **탐구하기 2** 동굴이나 막집에서 살았고, 이동생활을 했다. 간단한 무기나 도구를 만들어 사용했다.

탐구 3 신석기 시대 사람들은 어떻게 살았을까?
- **탐구하기 1** 움집
- **탐구하기 2** 애니미즘, 토테미즘, 조상 숭배

해석 농경이 가져온 변화

인류가 농경을 시작하면서

첫째, 농사를 짓는 지역에 머물러 사는 정착 생활을 하게 되었다.

둘째, 수확한 곡식들을 보관하고 조리하기 위해 토기를 만들기 시작했다.

셋째, 농사일에서 힘이 쎈 남성들의 역할이 커지면서 아버지 중심인 부계 중심 사회로 변했다.

토론 인류가 만물을 지배하는 주인공이 되는 데 더 큰 영향을 미친 것은 무엇일까?

1) 도구를 사용했기 때문이다.

다른 동물들과 달리 두 발로 걷게 되자 자유로워진 두 손으로 여러 가지 도구를 만들어 사용하면서 만물을 지배할 수 있게 되었다.

2) 불을 사용했기 때문이다.

불을 사용하면서 짐승들로부터 자신을 지키고 추위도 이겨낼 수 있게 되었다. 음식을 익혀 먹으면서 수명도 길어졌고, 뇌 용량도 커져 만물을 지배할 수 있게 되었다.

역사에 비추어 보는 오늘

생각열기 1 ● 필요에 따라 스스로 도구를 만들거나 사용할 수 있는 인류 특징을 생각해 보는 질문입니다.

예 나뭇가지를 이용하여 때리는 시늉을 하면서 개를 위협한다. 움직이지 않고 개를 노려보면서 주머니에 있는 스마트폰으로 신고를 한다.

생각열기 2 ● 영향력을 가지기 위해 필요한 것이 무엇인지 생각해 보는 질문입니다.

예 가족 가운데 가장 큰 영향력을 가진 사람은 엄마다. 요리, 집안 정리정돈, 가족들 챙기기 등 엄마가 하는 일이 가장 중요한 일들이기 때문이다.

생각열기 3 ● 인간은 자신에게 주어진 환경 속에서 생활하면서 순간순간 여러 가지 어려움과 위험을 겪게 됩니다. 오늘날 우리가 생활하고 있는 일상생활 속에서 느끼는 위험은 무엇인지 고민해 보는 질문입니다. 구체적인 상황을 제시하면서 구체적인 대답이 나오도록 하는 것이 좋습니다.

예 교통사고, 질병, 화재, 경쟁으로 인한 스트레스, 스마트폰 중독, 게임 중독 등

생각열기 4 ● 신석기 시대 사람들이 살았던 움집을 오늘날 우리가 살고 있는 집과 비교해서 분석해 보는 질문입니다.

예 움집은 바닥이 흙으로 되어 있었기 때문에 새벽이나 비오는 날 땅에서 올라오는 습기 때문에 불편했을 것이다. 또 가족 개개인 방이 없이 공동 생활을 했기 때문에 사생활이 보호되지 않아 불편했을 것이다.

02 청동기 문화를 기반으로 건국된 고조선

탐구 1 단군왕검 이야기
탐구하기 단군왕검

탐구 2 고조선 발전과 멸망
탐구하기 위만

해석 1 단군왕검 이야기에 담긴 의미
해석하기 1

곰 부족	환웅 무리
신석기	(청동기)
(빗살무늬 토기)	민무늬 토기
(곰 토템 사상)	천신 사상
모계 사회	(부계 사회)

해석하기 2
- 단군 (제사장)   • 왕검 (임금)

해석 2 8조법으로 본 고조선 사회 모습
해석하기 곡식으로 갚는다, 50만 전을 내야 한다.

토론 단군왕검 이야기는 신화일까? 역사일까?

1) 신화다.
 하늘에서 내려온 신이 곰과 결혼해서 단군을 낳았다는 말은 과학적으로 이루어질 수도, 있을 수도 없는 일이다.

2) 역사다.
 곰은 '곰을 섬기던 부족'을 의미하며,《삼국유사》에도 우리 민족 시조를 단군이라고 했다

역사에 비추어 보는 오늘

생각열기 ▶ 좋은 규칙은 어때야 하는지를 묻는 문제입니다. 강하게 억누르면 질서가 잘 지켜지겠지만, 법이 강할수록 억압이 심한 사회가 된다는 것을 염두에 두고 문제에 접근하면 좋겠습니다. 모두가 알아서 잘 지키자는 맹목적인 주장을 펼치지 말고 구체적인 방안을 제시해야 합니다.

예 1) 한 번까지는 실수나 아프거나 해서 안 나올 수도 있으니까 봐 주기로 한다.
2) 한 명이라도 빠지면 경기가 안 되니까 무조건 다 나오기로 하고, 한 달에 한 번씩은 경기를 쉬기로 해서 꼭 화요일에 볼일이 있는 사람은 그 날 보기로 한다.

03 고조선 다음에 세워진 나라들

탐구 1 사출도로 다스린 부여
탐구하기 1책 12법

탐구 2 민며느리제가 있었던 옥저
탐구하기 민며느리제

탐구 3 호랑이를 섬긴 동예
탐구하기 단궁

탐구 4 마한, 진한, 변한을 합쳐서 삼한
탐구하기 소도

해석 기록이 거의 남아 있지 않은 부여
해석하기 김부식이 삼국 역사를 고구려, 백제, 신라를 중심으로 썼기 때문이고, 우리 역시《삼국사기》를 중심으로 역사를 살폈기 때문이라고 생각한다.

토론 임금이 없어도 나라인가?

1) 임금이 없어도 나라다.
 왜냐하면 임금은 나라를 대표하는 사람인데 꼭 임금이 아니라도 누군가가 나라를 대표하면 되기 때문이다. 무리를 대표하는 사람이 무리들을 하나로 모아 다스리면 나라라고 해야 한다.

첨삭 지도

2) 임금이 없으면 나라가 아니다.

왜냐하면 부족장이나 촌장은 무리를 대표하지만 나라를 대표하는 것은 아니기 때문이다. 부족장이나 촌장이 대표인 무리는 부족이나 마을이라고 부르지 나라라고 부르지 않는다.

역사에 비추어 보는 오늘

생각열기 1

장점 예) 기술이 없어도 물건을 만들어서 자기 나라 사람들이 편하게 쓸 수 있고, 만들다 보면 기술도 생겨서 나중에는 스스로 만들 수 있게 된다.

단점 예) 자기 나라 사람들이 열심히 일해서 물건을 만들어서 얻는 이익을 자기 나라 사람들이 가지는 게 아니라 공장 세운 나라 사람들이 가지게 되니까 일만 해주고 돈은 외국으로 빠져나가게 된다. 그리고 공장 세운 사람이 공장을 닫고 돌아가 버리면 공장 다니던 사람들이 실업자가 된다.

생각열기 2

장점 예) 그 나라 사람들은 캐내는 기술이 없어서 영원히 버려둘 자원을 이용하여 돈을 받게 되니까 이익이다.

단점 예) 그 나라 사람들이 캐내서 물건으로 만들어 팔면 많은 돈을 벌게 되지만 캐내는 값만 받고 자원을 내주게 되니까 나중에는 손해가 된다.

04 고구려와 백제 건국

탐구 1 알에서 태어난 주몽, 고구려를 세우다

탐구하기 1 주몽

탐구하기 2 금와왕 아들들이 주몽을 시기하고 질투하여 죽이려고 했다.

탐구 2 백제 건국 설화

탐구하기 1 위례성

탐구하기 2 백제 건국 이야기는 설화이다. 고구려에서 남쪽으로 내려간 사람들이 원래 살던 사람들과 힘을 합쳐서 나라를 세운 이야기다. 그래서 신들 이야기인 신화가 아니라 사람 이야기인 설화이다.

탐구 3 한성 시대 왕성

탐구하기 아리수, 욱리하

해석 1 오늘날까지 전해지는 고구려 풍습과 문화

해석하기 쪽구들, 아궁이, 돼지를 제물로 쓰는 것, 장가간다, 서방이라는 말 등이 현재까지 전해지고 있는 고구려 풍습과 문화이다.

해석 2 고구려 동명성왕과 부여 동명성왕은 동일 인물일까?

해석하기 동일 인물이 아니다. 신라를 세운 임금들도, 가야를 세운 임금들도 알에서 나왔다는 공통점이 있는 것처럼 고구려와 부여도 같은 지역에 사는 사람들이 만든 건국 신화이기 때문에 비슷한 이야기가 된 것이다. 동명성왕이라는 이름도 고려와 조선을 세운 임금을 태조라고 부르는 것처럼 나라를 처음 세운 임금이라는 뜻이었을 것이다.

토론 하남 위례성은 어디일까?

1) 몽촌 토성이다.

성 전체 길이가 2.3Km나 되는 큰 성이다. 중국 도자기 조각, 철제 유물과 뼈 갑옷, 토기와 전돌, 초석을 비롯한 그물추, 가락바퀴, 돌절구, 말편자, 도끼, 가위 같은 유물이 발견되었다. 토성 주변에 흐르는 성내천 물길을 이용한 해자와 연화문수막새처럼 높은 건물에 올렸던 기와가 나온 것으로 보아 몽촌 토성에 왕과 신하들이 살았다는 것을 알 수 있다.

2) 풍납동 토성이다.

1997년 아파트 공사 현장에서 모두 5백 상자나 되는 백제 유물들이 발견되었다. 기와막새와 전돌, 가마터, 왕성 물품을 만들던 공방과 집터, 동벽 밖 우물 흔적은 성 안과 밖에 사람들이 살았다는 것을 짐작할 수 있다. 개로

왕 때인 475년에 고구려군이 공격해 들어와 화공 작전으로 왕성이 무너졌다는 기록이 있는데, 그때 불에 타 주저앉은 커다란 건물 기둥과 전돌이 토성 바닥에서 발견되었다. 또 성벽을 해자로 두른 것을 보아 지켜야 할 것이 많은 중요한 왕성이었다는 것을 알 수 있다.

역사에 비추어 보는 오늘

생각열기 1 예) 이곳은 한강을 따라 쌓아 놓은 제방 시설에 불과하므로 문화재 가치가 없다.

생각열기 2 예) 잃어버린 백제 역사를 찾는 중요한 가치가 있는 곳이다.

생각열기 3

1) 개발해야 한다.

예) 지금까지 나온 유물들로 봐서 이곳은 백제 왕성보다는 한강을 따라 쌓아 놓은 제방 시설에 불과하다. 중요한 유물이 발견되지도 않았는데, 문화재 복원 지역으로 지정되어 생활 기반을 잃어버리는 것은 옳지 않다고 생각한다.

2) 복원해야 한다.

예) 아직까지 결정적인 유물이 나오지는 않았지만, 여러 기록을 토대로 이곳은 백제 왕성일 가능성이 높다. 복원 과정에서 중요한 유물들이 발굴되어 백제 역사를 재조명해 보는 계기가 될 수 있다. 지금까지 중요한 유물이 발견되지 않았다고 발굴을 해보지 않고 개발하는 것은 옳지 않다고 생각한다.

05 신라와 가야 건국

탐구 1 신라 건국 신화

탐구하기 1 박처럼 큰 알에서 나왔다 하여 성을 '박', 나라를 밝게 비추어 준다고 하여 이름을 '혁거세' 라고 지었다.

탐구하기 2 까치 소리

탐구하기 3 금궤에서 나왔다고 하여

탐구 2 가야 건국과 성장 그리고 멸망

탐구하기
- 전기 가야 연맹: 금관가야
- 후기 가야 연맹: 대가야

해석 1 건국 신화에는 특별한 이야기가 있다

해석하기 하늘이 내려 준 특별한 사람이라는 '선민사상', 알에서 태어났다는 '난생 신화', 하늘과 땅을 이어주는 상징적인 동물들이 등장한다.

해석 2 지배자 명칭 변화에 따른 신라 발전

해석하기 박(朴), 석(昔), 김(金), 세 성이 번갈아 오르던 왕위를 '김(金)'씨가 독점하고 지배자를 '마립간'이라 부르기 시작했다.

토론 삼국 시대일까? 사국 시대일까?

1) 가야가 포함된 사국 시대이다.

42년 낙동강 하류 근처에 금관가야를 중심으로 6가야가 세워졌다. 562년 멸망할 때까지 삼국과 함께했다.

2) 삼국 시대이다.

가야는 중앙 집권 국가로 발전하지 못한 부족 연맹체일 뿐 정식 국가가 아니다. 삼국은 고구려, 백제, 신라뿐이다.

역사에 비추어 보는 오늘

▷ 허황옥 설화는 아유타국에서 온 허황옥이 선진 문물을 가지고 와 김수로왕과 결혼한 이야기입니다. 새로운 나라와 교류하게 되었을 때 좋은 점과 안 좋은 점을 생각해 보는 질문입니다.

생각열기

예) 새로운 나라와 교류하면 좋은 점은 여러 가지 과학 기술과 문화 그리고 좋은 제도를 받아 들여 나라가 발전할 수 있다는 점이다. 안 좋은 점은 무분별하게 다른 나라의 기술과 문화를 받아들여 우리 전통문화를 훼손하는 점이다.

첨삭 지도

06 백제, 강한 나라가 되다

탐구 1 한성 시대
- **탐구하기 1** 고이왕
- **탐구하기 2** (순서대로) 마한, 요서, 평양성

탐구 2 웅진·사비 시대
- **탐구하기** 22

탐구 3 백제의 대외 활동
- **탐구하기** 양직공도

해석 1 가장 먼저 전성기를 맞이한 백제
- **해석하기** 한강과 영산강을 끼고 있어 물이 풍부하고, 넓은 곡창 지대가 있어 인구가 늘어나고 나라 힘이 강해졌다. 항해 기술이 발달해 일찍부터 다른 나라와 교류하면서 고구려와 신라보다 앞설 수 있었다.

해석 2 우수한 농경 기술과 토목 기술
- **해석하기** 판축 기법은 널빤지를 대고 틀을 만들어 진흙을 일정한 두께로 층층이 다지는 기법이다.

토론 백제는 정말 중국 요서 지방에 진출했을까?

1) 진출했다.
중국 역사서에도 기록되어 있고, 중국이 지배했던 베트남에 백제 관련 유물과 흔적이 남아 있다.

2) 진출하지 않았다.
우리나라 역사책에도 기록이 없고, 중국에 백제가 진출했다는 유적이 발견되지 않았다.

역사에 비추어 보는 오늘
- **생각열기** 예) 자기들 역사가 우리보다 우수하다고 주장하기 위한 엉터리 근거를 내세우는 것이다.

07 고구려 성장과 발전

탐구 1 고구려, 동아시아 최대 강국이 되다
- **탐구하기** 국내성을 기반으로 했던 귀족 세력을 약화시키고 왕권을 강화하기 위해 수도를 평양성으로 옮겼다.

탐구 2 고구려와 수나라가 벌인 전쟁
- **탐구하기** 살수 대첩

탐구 3 고구려와 당나라가 벌인 전쟁
- **탐구하기** 안시성 전투

해석 1 고대사를 푸는 열쇠, 광개토 대왕릉비와 충주 고구려비
- **해석하기** 광개토 대왕릉비와 충주 고구려비는 역사책에 기록되어 있지 않은 고구려 역사에 대해 알려주기 때문에 중요하다.

해석 2 수나라와 당나라는 왜 끊임없이 고구려를 침략했을까?
- **해석하기** 중국 황제를 천자로 인정하지 않고 둘레 나라 가운데 위협이 될 만한 고구려가 큰 나라로 발전하는 것을 막기 위해서이다.

토론 'Korea(코리아)'라는 말은 어디에서 나왔을까?

1) 고구려다.
충주 고구려비문을 보더라도 고구려 사람들은 나라 이름을 고구려가 아닌 고려로 불렀고, 중국《삼국지》를 비롯한 역사책에서도 '고려'라고 쓰고 있으니 'Korea' 어원은 고구려다.

2) 고려다.
아라비아 상인들에 의해 '고려'라는 말이 세계에 알려졌기 때문에 고려가 'Korea' 어원이다.

첨삭 지도

역사에 비추어 보는 오늘

생각열기 ▶ '여수장우중문시'는 '이제 그만 만족함을 알고 돌아가라.' 라는 뜻이므로, 그 의미가 무엇인지 생각해 보는 질문입니다.

예 우리나라 농업 협상단이 이 시를 미국 농업 협상단에 전달한 까닭은 농업 분야에서 우리 측이 어느 정도 양보안을 내놓은 만큼, 미국 측도 농산물 개방 공세 수위를 낮춰달라는 것을 우회적으로 표현하기 위한 것이다.

08 신라 성장과 발전

탐구 1 신라를 성장시킨 왕들
탐구하기 1 지증왕, 법흥왕, 진흥왕, 선덕 여왕
탐구하기 2 황룡사 9층 목탑

탐구 2 화랑도
탐구하기 세속오계

탐구 3 골품 제도와 화백 회의
탐구하기 골품 제도

해석 1 화랑도가 신라를 발전시킨 밑거름이 된 까닭
해석하기 화랑도는 골품 제도로 경직된 신분 사회를 보완해 주었고, 노블레스 오빌리주를 실천했다. 또 인재를 양성하는 역할을 해 신라를 발전시키는 밑거름이 되었다.

해석 2 진흥왕이 여러 지역에 순수비를 세운 까닭
해석하기 진흥왕이 여러 지역에 순수비를 세운 까닭은 신라 땅이 커진 것을 기념하고, 왕이 가진 힘과 능력을 백성들에게 보여줌과 동시에 새롭게 신라 영토에 편입된 사람들을 통합하기 위해서였다.

토론 골품 제도는 신라 발전에 도움이 되었을까?

1) 도움이 되었다.
골품 제도는 신라가 연맹 왕국에서 중앙 집권 국가로 바뀌어가는 과정에서 만들어졌다. 골품 제도로 왕권이 강해지고 나라가 안정되어 발전할 수 있는 기반이 만들어졌다.

2) 도움이 되지 않았다.
골품 제도는 주어진 골품에 따라 할 수 있는 일들이 엄격하게 구분되었다. 나라를 위해 일할 마음과 능력이 있어도 골품이 낮거나 지방에 살아 기회조차 얻지 못하는 경우가 있었다.

역사에 비추어 보는 오늘

생각열기 ▶ 문화유산을 많이 보유하고 있는 경주나 강화도, 공주, 부여 등지에 살고 있는 사람들은 어떤 마음을 가지고 있을지 생각해 보는 문제입니다.

예 1) 문화유산이 많은 도시에 살고 있으면 좋은 점은 멀리 가지 않아도 쉽게 문화유산을 접할 수 있고 자연스럽게 문화재를 보는 안목도 생긴다는 것이다. 또 우리 지역 문화유산을 보기 위해 많은 사람들이 찾아오므로 지역 경제에도 도움이 된다.

2) 문화유산이 많은 도시에 살고 있으면 좋지 않은 점은 우리 지역에 있는 문화유산을 보기 위해 많은 사람들이 방문을 하는 바람에 하루도 조용할 날이 없다는 것이다. 또 문화재보호법 때문에 편의 시설이나 집을 새로 지으려고 해도 까다로워 개발이 제대로 되지 못한다. 다른 지역에 비해 개발이 늦어져 지역 전체가 낙후되는 것 같다.

09 신라, 삼국을 통일하다

탐구 1 백제 멸망
탐구하기 • 신라: 김유신 • 백제: 계백

탐구 2 고구려 멸망

탐구하기 평양성이 함락될 기미도 안 보이고 신라로부터 기대했던 군사와 군량미 지원도 이루어지지 않아 불안해졌고, 겨울이 닥쳤기 때문이다

탐구 3 삼국 통일 완성

탐구하기

> 648년 신라와 당나라가 동맹을 맺음 → 660년: (백제) 멸망 → 668년: (고구려) 멸망 → 675년: (매소성 전투) 승리 → 676년: (기벌포 전투) 승리로 통일 완성

탐구 4 백제와 고구려 부흥 운동

탐구하기
- 백제: 복신, 도침, 흑치상지
- 고구려: 고연무, 검모잠, 안승

해석 신라가 이룬 삼국 통일은 완전한 통일인가?

해석하기

1) 비록 당나라 도움을 받았으나 나중에는 유민들과 힘을 합쳐 당나라 세력을 몰아내어 삼국이 같은 민족이라는 생각을 하게 되었으므로 완전한 통일이다.

2) 신라가 삼국 통일을 했다면 고구려, 백제 땅이 모두 신라 영토가 되어야 하는데 고구려 영토 대부분은 당나라가 차지했으므로 신라가 이룬 삼국 통일은 불완전한 통일이다.

토론 삼천 궁녀 이야기는 진실인가, 거짓인가?

1) 진실이다.

삼천이라는 숫자는 과장되었을 수는 있으나, 외국 군대가 쳐들어왔을 때 후궁들을 비롯한 많은 궁녀가 치욕을 겪는 삶보다는 죽음을 택해 낙화암에 빠져 죽었을 것이다.

2) 거짓이다.

궁궐과 도시 규모로 보아 삼천 궁녀는 있을 수 없다. 의자왕이 그렇게 방탕했다면 백성들이 존경했을 리 없다. 신라가 백제를 멸망시킨 것을 정당화하기 위해 부풀려진 것이다.

역사에 비추어 보는 오늘

생각열기 1 ▶ 자신의 이익을 위해 믿음을 깨는 행위에 대해 생각해 보는 문제입니다.

예 언제까지나 서로 믿고 살면 좋겠지만, 자신의 목숨이 달린 문제라면 믿음을 깰 수도 있다고 본다. 내가 믿음을 깨면 언젠가는 나도 배신을 당할지도 모른다는 불안감은 있다. 하지만 내가 죽고 나면 세상이 어떻게 돌아가건 무슨 상관이란 말인가? 내가 살고 볼 일이다.

생각열기 2 ▶ 내 문제를 해결하기 위해서 다른 사람에게 지나치게 의존하는 태도가 옳은지 생각해 보는 문제입니다.

예 옳지 않다. 다른 사람에게 도움을 받으면 난 그 사람에게서 자유로울 수 없다. 빚을 지게 되는 것이다. 내 힘으로 최대한 해결해 보고, 그래도 도저히 안 될 때에는 어쩔 수 없겠지만, 기본적으로 내 문제는 내가 해결하는 것이 옳다.

10 불교 전래와 삼국 문화

탐구 1 삼국 시대에 불교가 들어오다

탐구하기 이차돈

탐구 2 불교로 꽃피운 삼국 문화

탐구하기 부처 힘으로 강력한 나라를 만들기 위해서이다.

탐구 3 신라 불교를 발전시킨 원효와 의상

탐구하기 화엄 사상

해석 1 신라는 왜 다른 나라보다 불교 공인이 늦어졌나?

해석하기 자기 부족에서 섬기는 토착 종교가 없어지면 자기 부족을 다스리는 힘이 없어지기 때문이라고 생각했다.

해석 2 삼국 시대 불교가 지닌 성격

해석하기

1) 도움이 되었을 것이다.

왕이 부처 힘으로 나라를 다스린다고 하면 불교를 믿는 백성들이 왕을 더 따를 것이기 때문이다.

2) 도움이 되지 않았을 것이다.

왕이 부처 힘으로 나라를 다스린다고 하면 귀족들이 반발하게 되어서 정치가 혼란해지니까 왕권 강화에 걸림돌이 되었을 것 같다.

토론 이차돈이 순교한 것은 불교를 위한 희생인가? 정치 술수인가?

1) 종교적인 희생이다.

왜냐하면 고구려나 백제에 불교가 들어온 지 백년도 더 지났으나 신라에는 들어오지 못해서 나라가 발전하지 못했고, 백성들도 마음이 하나로 모아지지 못해서 이차돈이 순교해 불교를 받아들이게 했기 때문이다.

2) 정치적인 술수다.

왜냐하면 이차돈은 승려가 아닌 법흥왕 조카이며, 요즘 같으면 임금 비서 같은 높은 벼슬이었기 때문이다. 법흥왕이 귀족들에게 밀리자 위기를 벗어나게 해 주려고 목숨을 버린 것이다.

역사에 비추어 보는 오늘

생각열기 1 예 우리나라에 이슬람교를 믿는 신도가 별로 없어, 종교 시설을 지으려고 하지 않기 때문이라고 생각한다.

생각열기 2 예 서양 영화나 테러 뉴스 때문에 이슬람교에 대한 두려움이 있고, 무슬림들이 주로 서남아시아, 중앙아시아, 동남아시아, 북부아프리카 사람들이어서 우리와 만날 기회가 별로 없었기 때문이다.

11 찬란한 통일 신라 문화

탐구 1 혜초가 쓴 인도 여행기, 《왕오천축국전》

탐구하기 인도

탐구 2 슬픈 전설을 간직한 성덕대왕신종

탐구하기 맥놀이 현상

탐구 3 불국사와 석굴암

탐구하기 • 현생 부모를 위해: 불국사

• 전생 부모를 위해: 석굴암

해석 1 《왕오천축국전》에 담겨 있는 이야기

해석하기 8세기 인도와 중앙아시아 지역과 사람들 생활 모습을 알려주는 유일한 기록물이고 여행기답게 이동 방향, 걸리는 시간, 통치 상황, 기후와 지형, 종교, 음식 등에 대해서도 자세히 담고 있기 때문이다.

해석 2 석가탑에서 알 수 있는 것들

해석하기 신라와 백제 기술이 합해져서 만들어졌고, 신라는 뛰어난 인쇄술을 가지고 있었다.

토론 성덕대왕신종을 쳐야 할까? 그대로 두어야 할까?

1) 종을 쳐야 한다.

천년의 소리를 지키기 위해서는 종을 쳐야 한다. 무리하지 않는 범위 안에서 꾸준히 쳐야만 수명이 더 길어진다. 그리고 종을 안전하게 관리해주고 잘 보관한다면 종을 치는 데 아무런 문제가 생기지 않을 것이다.

2) 종을 치면 안 된다.

오랜 세월에 균열 위험이 있기 때문이다. 우리가 소리를 감상하려는 욕심 때문에 후손들에게 깨진 종을 물려줄 수는 없다.

역사에 비추어 보는 오늘

생각열기 ▶ 혜초가 지은 《왕오천축국전》은 우리 것이라는 사실을 인정받지 못하고 있습니다. 우리 것으로 인정받을 수 있는 방법은 무엇인지 생각해 보는 질문입니다.

예 《왕오천축국전》이 우리 것이라는 사실을 우리 힘으로 연구한 것이 없기 때문에 인정을 받지 못하고 있다. 역사에 관한 자료를 우리 손으로 더 찾아내고 깊이 연구해야 한다. 문화유산이 지닌 현재적 가치를 우리나라 것으로 세계 속에서 인정을 받아야 한다.

12 발해 건국, 남북국 시대를 열다

탐구 1 고구려 후손들, 발해를 세우다
- **탐구하기 1** 대조영
- **탐구하기 2** 남북국 시대

탐구 2 발해가 당나라와 전쟁을 하다
- **탐구하기** 흑수말갈

탐구 3 해동성국으로 발전한 발해
- **탐구하기 1** 동쪽 바닷가에 융성한 나라라는 뜻으로 '해동성국'이라고 불렀다.
- **탐구하기 2** 5경 15부 62주로 나누어 다스렸다.

해석 1 발해와 신라는 사이가 나빴나?

해석하기
1. 신라와 교역로인 신라길이 있었다.
2. 신라와 발해 국경에 관문이 설치되었다.
3. 신라와 발해 사이에 사신이 왕래했다.

해석 2 고구려를 닮은 발해 문화

해석하기 발해 옛 도읍지였던 헤이룽장성에서 발견되었고, 크고 균형 잡힌 모습과 연꽃을 새겨놓은 것으로 보아 고구려 미술 양식을 계승한 사실로 보인다.

토론 전성기를 누리던 발해는 왜 갑자기 멸망했을까?

1) 지배층 사이에 내분 때문이다.

선왕 때 해동성국이라는 칭호를 받으며 전성기를 누렸던 발해는 그 뒤 지배층 내분이 심해져 멸망했다. 선왕의 뒤를 이은 왕들에게는 왕이라는 호칭도 제대로 붙여지지 않을 정도로 내분이 심했고, 국왕의 권위가 떨어졌다.

2) 거란 침입 때문이다.

힘을 키운 거란이 둘레 나라들로 세력을 넓혀가는 과정에서 발해와 전쟁을 하게 되었고, 그 전쟁에서 패한 발해가 멸망한 것이다.

역사에 비추어 보는 오늘

생각열기 1 ▶ 매년 12월 18일은 UN에서 정한 '세계 이주민의 날'입니다. 전 세계 이주민에게 내국인과 동등한 자유와 권리를 보장하도록 하자는 게 제정 취지입니다. 다른 나라에서 이주해 대한민국 국민으로 살고 있는 사람들에 대한 이해를 돕는 질문입니다.

예 생김새가 다르고 우리말을 배워도 말투가 달라 우리나라 사람들과 구분되기 때문에 우리 국민이라고 느끼지 않는 것 같다.

생각열기 2 ▶ 다른 문화의 존재를 이해하자는 다문화주의에 대해 생각해보고 주변에 있는 다문화 친구들이 당할 수 있는 불편함에 대해 생각해 보는 문제입니다.

예 유네스코와 경제 협력 개발 기구(OECD)에서는 한국을 다문화 국가로 규정했지만, 우리는 단일 민족이라고 착각하며 이주민들에게 편견과 선을 긋고 있다. 피부색, 언어, 민족에 따른 다름을 인정하고 수용하여 우리 아이들이 자연스럽게 어울려 살아갈 수 있는 조화로운 다문화 사회를 이뤄야 한다.

13 장보고와 최치원, 그리고 호족 등장

탐구1 장보고
탐구하기 해적을 소탕하고, 무역을 하기 위해서이다.

탐구2 골품 제도에 갇힌 신라
탐구하기 1 골품 제도에 따라 성골만 왕위를 이을 수 있었는데, 성골 남자가 없을 경우 여자가 왕위에 올랐다.
탐구하기 2 조정에 등을 돌리고 은둔 생활을 하거나, 개혁을 꿈꾸며 새로운 사회를 건설하는 다른 세력과 손을 잡았다. 또 승려가 되기도 했다.

탐구3 최치원
탐구하기 1 빈공과
탐구하기 2 시무 10여 조

해석1 호족은 왜 등장할 수밖에 없었나?
해석하기 신라 왕실은 왕위 다툼으로 혼란스러웠고, 백성들은 자신을 지켜주는 힘센 사람들을 따를 수밖에 없었다.

해석2 장보고를 왜 '해상왕'이라 부를까?
해석하기 청해진에 해상 무역 거점을 두고 당나라, 왜, 발해, 인도, 아라비아까지 교역하며 신라를 해상 왕국으로 만들었다. 또 인품이 높고 덕이 높은 사람이라 다른 나라 사람들도 칭송했다.

토론 최치원이 은둔한 것은 어쩔 수 없는 선택인가? 비겁한 외면인가?

1) 어쩔 수 없는 선택이었다.
 아무리 나라를 위해 대책을 내놓아도 귀족들이 반대하여 받아들여주지 않아 아무것도 할 수 없었기 때문이었다.
2) 비겁한 외면이었다.
 자기 자리에서 대책을 내어놓고 시간이 걸리더라도 기다리며 최선을 다해야 했다. 떠나버린 것은 비겁한 외면이었다.

역사에 비추어 보는 오늘
생각열기 장보고가 힘이 세져 신라 왕실에 맞설 정도가 되자 진골 귀족들은 위협을 느끼고 장보고를 암살했다. 그리곤 자신들이 한 일을 정당화시키기 위해 장보고에게 반역자라는 죄를 씌운 것이다. 후대 역사가들도 신라 왕실에 유리하게 역사를 기록했기 때문에 장보고가 가진 반역자 이미지는 사라지지 않은 것이다.

14 후삼국 시대가 열리다

탐구1 후백제를 세운 견훤
탐구하기 완산주

탐구2 후고구려를 세운 궁예
탐구하기
• 바꾼 이름: 태봉
• 뜻: 서로 뜻을 함께해 편히 사는 세상

탐구3 후삼국을 통일한 왕건
탐구하기 호족들에게 높은 벼슬이나 왕씨 성을 주었으며, 호족들 딸과 결혼해 사돈 관계를 맺었다.

해석1 궁예는 정말 미치광이 왕이었을까?
해석하기 역사는 이겨서 살아남은 사람들이 쓰는 '승자가 하는 기록'이기 때문이다.

해석2 고려 통일은 신라 통일과 어떻게 다른가?
해석하기 고려 통일은 신라 통일과 달리 첫째, 실질적인 삼국 통일이고 둘째, 호족이라는 새로운 지배 세력이 나타났으며 셋째, 자주 통일이다.

첨삭 지도

토론 신라 경순왕이 고려 왕건에게 항복한 것은 잘한 일인가?

1) 잘한 일이다.

신라는 군대가 없고 영토도 겨우 경주 일대만 유지하고 있기 때문에 전쟁을 한다면 고려에 멸망할 것이 뻔했다. 그러니 경순왕 자신뿐만 아니라 백성들 목숨을 지키기 위해서라도 항복한 것은 잘한 것이다.

2) 잘못한 일이다.

백성을 위한다는 명분을 내세웠지만 결국은 자신의 행복과 부귀영화를 누리기 위해 고려에 항복한 것이니 잘못한 것이다.

역사에 비추어 보는 오늘

생각열기 1 ▶ 자기만 잘난 체 하다가 정작 자기 능력을 발휘하지 못하는 사람에 대한 생각을 쓰는 문제입니다.

예) 축구는 자기만 잘한다고 되는 운동 경기가 아닌데 너무 자기만 잘난 체 한다.

생각열기 2 ▶ 20번 선수에게 충고하는 말을 쓰는 문제입니다.

예) "다른 선수들이 패스해 주지 않으면 골을 넣을 수 없으니까 다른 선수들과 사이좋게 지내는 게 좋을 것 같아. 그러니 같이 놀기도 하면서 친하게 지내는 것이 좋겠어."

토론 잘하는 방법

　토론은 두 사람 이상이 상대방을 설득하기 위하여 서로 자기 의견을 내세우는 것입니다.

　토론을 잘 하려면 어떻게 해야 할까요?

　상대방을 존중합니다. 올바른 토론은 상대방 의견은 틀렸으니 무시하면서 내 생각만 고집하는 것이 아니라 상대방의 의견을 존중하면서 내 의견도 내세우는 것입니다. 그래야 상대방도 자기 생각만 고집하지 않고 내 생각을 존중해 줄 것입니다.

　'나라면 어떻게 할까'라고 생각합니다. 토론하는 문제에 대하여 나라면 어떻게 할까라고 생각하면 해결책도 쉽게 찾을 수 있을 것입니다. 내가 생각해서 좋을 것 같다는 생각이어야 다른 사람도 설득할 수 있습니다.

　상대방의 말을 잘 듣고 어떤 주장을 하는지 파악합니다. 토론은 말하기 보다 듣기라고 할 수 있습니다. 상대방 말을 잘 듣고 어떤 주장을 펼치는지 잘 이해하면 그 주장을 반박하고 더 좋은 자기주장을 내세우는 것도 쉬울 것입니다.

　또박또박 자기 주장을 말합니다. 말이 너무 빠르면 상대방이 알아듣기 어렵고, 내 주장을 상대방이 편안하게 받아들이기 어렵습니다. 하지만 또박또박 자기 주장을 펼치면 상대방도 내 말을 잘 이해할 수 있습니다.

　결론부터 먼저 말하면 눈길을 끌 수 있습니다. 결론부터 먼저 말하고 그 까닭을 이어서 말하면 듣는 사람이 관심을 집중시키게 되고 내 말을 잘 이해할 수 있게 됩니다.

　책을 많이 읽습니다. 토론할 주제에 대해 잘 알아야만 상대방을 쉽게 설득할 수 있습니다. 토론 주제에 대한 지식을 넓히는 방법은 풍부한 독서입니다.

살아있는 역사 재미있는 논술
❶ 인류 등장에서 후삼국 통일까지

2007. 7. 15. 1판 1쇄 발행
2007. 12. 20. 2판 1쇄 발행
2009. 1. 20. 2판 4쇄 발행
2009. 9. 30. 3판 1쇄 발행
2017. 8. 16. 3판 9쇄 발행
2018. 3. 2. 개정증보 1판 1쇄 발행
2020. 1. 23. 개정증보 1판 2쇄 발행

지은이 | 모난돌역사논술모임
펴낸이 | 이종춘
펴낸곳 | BM (주)도서출판 성안당

주소 | 04032 서울시 마포구 양화로 127 첨단빌딩 3층(출판기획 R&D 센터)
      | 10881 경기도 파주시 문발로 112 출판문화정보산업단지(제작 및 물류)
전화 | 02) 3142-0036
      | 031) 950-6300
팩스 | 031) 955-0510
등록 | 1973. 2. 1. 제406-2005-000046호
출판사 홈페이지 | www.cyber.co.kr
ISBN | 978-89-315-8156-0(64900)
정가 | 16,000원

이 책을 만든 사람들
기획 | 최옥현
진행 | 오영미
교정·교열 | 오영미
본문 디자인/전산편집 | 이은희
표지 디자인 | 김은영
일러스트 | 민재회
홍보 | 김계향
국제부 | 이선민, 조혜란, 김혜숙
마케팅 | 구본철, 차정욱, 나진호, 이동후, 강호묵
제작 | 김유석

'실크로드'와 '둔황'은 국립중앙박물관 공공누리 제1유형 자료를 이용하였습니다.

이 책의 어느 부분도 저작권자나 BM (주)도서출판 성안당 발행인의 승인 문서 없이 일부 또는 전부를 사진 복사나 디스크 복사 및 기타 정보 재생 시스템을 비롯하여 현재 알려지거나 향후 발명될 어떤 전기적, 기계적 또는 다른 수단을 통해 복사하거나 재생하거나 이용할 수 없음.

■ 도서 A/S 안내

성안당에서 발행하는 모든 도서는 저자와 출판사, 그리고 독자가 함께 만들어 나갑니다.
좋은 책을 펴내기 위해 많은 노력을 기울이고 있습니다. 혹시라도 내용상의 오류나 오탈자 등이 발견되면 **"좋은 책은 나라의 보배"**로서 우리 모두가 함께 만들어 간다는 마음으로 연락주시기 바랍니다. 수정 보완하여 더 나은 책이 되도록 최선을 다하겠습니다.
성안당은 늘 독자 여러분들의 소중한 의견을 기다리고 있습니다. 좋은 의견을 보내주시는 분께는 성안당 쇼핑몰의 포인트(3,000포인트)를 적립해 드립니다.
잘못 만들어진 책이나 부록 등이 파손된 경우에는 교환해 드립니다.

한눈에 보는 역사 연대표

유럽과 아메리카

▲ 콜로세움

기원전 3000년경   에게 문명 발전
기원전 753년   로마 건국
기원전 492~479년   페르시아 전쟁
기원전 431~404년   펠로폰네소스 전쟁
기원전 334~323년   마케도니아 알렉산더 대왕, 동방 원정
기원전 60년   로마, 1차 삼두 정치 시작
기원전 44년   카이사르 피살
기원전 27년   로마 제정 시작
45년   바울로의 전도(~58)
235년   로마, 군인 황제 시대(~284)
313년   콘스탄티누스 대제, 밀라노 칙령 발표
325년   니케아 공의회

아시아

약 400만 년 전   오스트랄로피테쿠스 등장
약 50만 년 전   자바인, 북경원인 등장
약 20만 년 전   네안데르탈인
약 4만 년 전   크로마뇽인 등장

기원전 3500년경~2500년경   메소포타미아 문명, 인더스 문명, 황허 문명 형성
기원전 1800년경   함무라비 왕 메소포타미아 통일, 법전 편찬
기원전 1000년경   중국, 주 왕조 시작
기원전 770년   주의 동천, 춘추 시대 시작
기원전 600년경   석가모니 탄생
기원전 551년경   공자 탄생
기원전 525년   페르시아, 오리엔트 통일
기원전 403년   중국, 전국 시대 시작
기원전 221년   중국, 진나라 전국 통일

우리나라

◀ 강화 지석묘

▲ 신석기 시대

약 70만 년 전   평남 덕천 승리산인 등장, 구석기 시대 시작
기원전 8000년경   신석기 시대 시작
기원전 2333년   고조선 건국
기원전 2000년경~기원전 1500년경   청동기 문화 보급
기원전 5세기경   철기 문화 보급
기원전 194년   위만 조선 성립
기원전 108년   고조선 멸망
기원전 57년   신라 건국
기원전 37년   고구려 건국
기원전 18년   백제 건국
42년   가야 건국
194년   고구려, 진대법 실시
313년   고구려, 낙랑 정복
372년   고구려, 불교 전래, 태학 설치
373년   고구려, 율령 반포
384년   백제, 불교 전래
427년   고구려, 평양 천도
433년   나·제 동맹 체결
502년   신라, 우경 실시

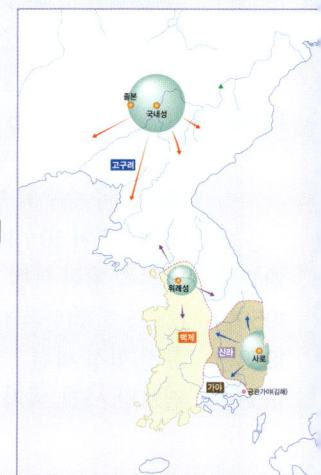
▼ 삼국의 성립

375년	게르만족 대이동 시작
395년	로마, 동서로 분열
453년	훈족왕 아틸라 사망
476년	서로마 멸망
486년	프랑크 왕국 건국
529년	비잔틴 제국, 유스티니아누스 법전 완성
537년	비잔틴 제국, 성 소피아 성당 건립
768년	프랑크 왕 샤를마뉴 즉위
771년	샤를마뉴, 프랑크 왕국 통일
829년	잉글랜드 왕국 성립
843년	베르됭 조약
870년	메르센 조약

936년	독일, 오토 대제 즉위
962년	신성 로마 제국 성립
987년	프랑스, 카페 왕조 시작
1066년	노르망디 공 윌리엄, 잉글랜드 정복
1096년	1차 십자군 출병
1163년	프랑스, 노트르담 성당 건축 시작
1215년	영국, 대헌장(마그나카르타) 제정
1241년	신성 로마 제국, 한자 동맹 성립
1299년	마르코 폴로, 《동방견문록》 출판
1337년	백년 전쟁 시작
1347년	흑사병 유행 시작
1378년	로마와 아비뇽으로 교회 분열

▼ 노트르담 성당

기원전 202년	중국, 한나라 건국
기원전 91년경	사마천, 《사기》 완성
25년	후한 건국
105년	후한 채륜, 종이 발명
220년	후한 멸망, 삼국 시대 시작
316년	중국, 5호 16국 시대
317년	중국, 동진 성립
320년	인도, 굽타 왕조 성립
376년	전진, 중국 화북 지방 통일

439년	중국, 남북조 성립
500년경	인도, 힌두교 성립
589년	수나라, 중국 통일
610년	마호메트, 이슬람교 창시
618년	수나라 멸망, 당나라 건국
622년	헤지라(이슬람 원년)
645년	일본, 다이카 개신
651년	사산조 페르시아 멸망
661년	인도, 옴미아드 왕조 성립

503년	신라, 국호와 왕호를 정함.
512년	신라, 우산국 정복
520년	신라, 율령 반포
536년	신라, 연호 사용
538년	백제, 사비 천도
545년	신라, 국사 편찬
552년	백제, 일본에 불교 전함.
562년	신라, 금관가야 병합
612년	고구려, 살수 대첩
645년	고구려, 안시성 전투
647년	신라, 첨성대 세움.
660년	백제 멸망
662년	신라, 탐라 정복
666년	고구려, 연개소문 사망
668년	고구려 멸망
676년	신라, 삼국 통일
692년	신라 설총, 이두 문자 정리
698년	대조영, 발해 건국
720년	신라, 황룡사 9층 목탑 중수

732년	발해, 당나라 등주 공격
751년	신라, 불국사와 석굴암 건립
771년	신라, 성덕대왕신종 주조
822년	신라, 김헌창의 난
828년	신라 장보고, 청해진 설치
846년	신라, 장보고의 난
900년	견훤, 후백제 건국
901년	궁예, 후고구려 건국
918년	왕건, 고려 건국
926년	발해 멸망
935년	신라, 고려에 투항
936년	고려, 후삼국 통일
956년	고려, 노비안검법 실시
958년	고려, 과거 제도 실시
992년	고려, 국자감 설치
993년	거란 1차 침입
996년	건원중보 만듦.
1019년	거란 3차 침입, 귀주 대첩
1107년	윤관, 여진 정벌

▼ 5도 양계